郑志国
刘向荣
王　鹏
——
著

走好共同富裕的广东路

ZOUHAO GONGTONG FUYU DE
GUANGDONG LU

SPM
南方传媒
广东人民出版社
· 广州 ·

图书在版编目（CIP）数据

走好共同富裕的广东路 / 郑志国，刘向荣，王鹏著. —广州：广东人民出版社，2022.8

ISBN 978-7-218-15771-9

Ⅰ.①走… Ⅱ.①郑… ②刘… ③王… Ⅲ.①共同富裕—研究—广东 Ⅳ.①F127.65

中国版本图书馆CIP数据核字（2022）第079544号

封面题字：钟永宁

ZOUHAO GONGTONG FUYU DE GUANGDONG LU
走 好 共 同 富 裕 的 广 东 路

郑志国 刘向荣 王 鹏 著

版权所有 翻印必究

出 版 人：肖风华

出版统筹：卢雪华
责任编辑：曾玉寒 伍茗欣 廖智聪
责任校对：吴丽平
装帧设计：广大迅风艺术 阳玳玮
责任技编：吴彦斌 周星奎

出版发行 广东人民出版社
地　　址：广州市越秀区大沙头四马路 10 号（邮政编码：510199）
电　　话：（020）85716809（总编室）
传　　真：（020）83289585
网　　址：http://www.gdpph.com
印　　刷：恒美印务（广州）有限公司
开　　本：787mm×1092mm　1/16
印　　张：15　　字　数：220 千
版　　次：2022 年 8 月第 1 版
印　　次：2022 年 8 月第 1 次印刷
定　　价：68.00 元

如发现印装质量问题，影响阅读，请与出版社（020-85716849）联系调换。
售书热线：020-85716833

目 录
CONTENTS

1

第九章

护好绿水青山　做大金山银山

第十章

在国内外双循环和粤港澳大湾区建设中走向共同富裕

第一章

共同富裕目标和道路

　　人生在世，总会想过好日子。古往今来的好日子标准与时俱进，因人而异。现代社会理想的好日子标准和条件是有充裕的物质财富、丰富的精神生活、健康的身体状况、优美的生态环境。对一个国家或地区来说，让少数人过上好日子并不难，让多数人过上好日子却非常难，让全体人民都过上好日子更是难上加难。我国全面建设社会主义现代化，逐步推进共同富裕，就是要让全体人民都过上好日子。虽然这是前无古人的宏伟事业和艰巨任务，但是在全面建成小康社会基础上不懈奋斗，必达目标。

一 共同富裕目标是让全体人民都过上好日子

习近平总书记讲：我常说，我们的目标很宏伟，也很朴素，归根结底就是让全体中国人民都过上好的日子。^①这句话对共同富裕目标完全适用。从马克思主义经典作家到新中国历代领导人，对共同富裕都有不少论述，国内外学者和各种媒体对共同富裕更有大量研究阐释。为了全面认识共同富裕目标和道路，深入探讨什么是共同富裕、怎样实现共同富裕等问题，必须学习研究马克思主义经典作家和新中国历代领导人的相关论述，特别是学习研究习近平总书记关于共同富裕的一系列重要讲话精神。

（一）马克思主义经典作家：全体劳动者共创共享财富

世界上的贫富分化是从原始社会后期开始出现的，在奴隶社会和封建社会逐步扩大，到资本主义社会日益加剧。中外一些思想家，包括古代中国的孔子、孟子、荀子、管仲，古代希腊的苏格拉底、柏拉图等人都对贫富分化的危害有一定认识，提出了一些富民思想。近代工业革命之后，马克思主义经典作家深入研究了各种社会特别是资本主义社会的生产方式和分配方式，科学揭示了贫富分化的根源，对未来社会实现共同富裕提出了一些设想和预言。

马克思认为，人们在生产劳动中利用自然和改造自然，不断创造社会财富，生产条件的分配决定消费资料的分配。在早期和近代资本主义社会，工人缺乏生产资料，通过市场交换提供劳动力，获得一份工资；资产者凭借对生产资料的所有权，无偿占有工人劳动创造的剩余价值。这种生产和分配方式造成贫富两极分化。现代资本主义社会的情况发生了许多变化，但是以私有制为基础的生产条件和按资本分配为主体的分配方式本质

---

① 《习近平同俄罗斯总统普京举行视频会晤》，《人民日报》2021年12月16日第01版；《习近平谈治国理政》第三卷，外文出版社2020年版，第134页。

没有变。基于对人类社会发展规律的科学认识，马克思断定人类必将逐步走向一种更高级的社会形态即共产主义社会。那时"生产将以所有的人富裕为目的"①。他把共产主义社会分为低级和高级两个阶段，分析了在两个阶段实现不同水平共同富裕的社会条件。在共产主义低级阶段即社会主义社会，以生产资料公有制为基础，消灭了剥削，社会成员通过劳动为社会创造财富，以自己为社会提供的劳动质量和数量为依据来领取消费品。这个阶段能够消除因生产客观条件和财产权利差异造成的贫富悬殊，全社会成员生活水平在生产力不断发展基础上逐步提高，相对于旧社会的两极分化来说是一种共同富裕。但是这个阶段在某些方面还带有旧社会的痕迹，生产力水平依然有限，社会成员的能力和通过劳动获得的消费品质量数量均有差异，难以在同等水平上满足各自需要，因此他们的富裕程度有差异。在共产主义高级阶段，生产力高度发达并充分自动化，个人得到自由而全面发展，财富的一切源泉充分涌流，实行各尽所能、按需分配。②只有在那时，才能在世界范围内充分实现共同富裕。

恩格斯曾预言未来社会的财富共创共享："由社会全体成员组成的共同联合体来共同地和有计划地利用生产力；把生产发展到能够满足所有人的需要的规模；结束牺牲一些人的利益来满足另一些人的需要的状况；彻底消灭阶级和阶级对立；通过消除旧的分工，通过产业教育、变换工种、所有人共同享受大家创造出来的福利，通过城乡的融合，使社会全体成员的才能得到全面发展……"③这一论断说明了共同富裕的条件，描绘了通往共同富裕的道路。

列宁明确把共同劳动、共同享受界定为社会主义社会的本质要求和内在特征："我们要争取新的、更好的社会制度：在这个新的、更好的社会里不应该有穷有富，大家都应该做工。共同劳动的成果不应该归一小撮富人享受，应该归全体劳动者享受。……这个新的、更好的社会就叫社会主

---

① 《马克思恩格斯全集》第三十一卷，人民出版社1998年版，第104页。

② 《马克思恩格斯选集》第三卷，人民出版社1995年版，第303—306页。

③ 《马克思恩格斯选集》第一卷，人民出版社1995年版，第243页。

义社会。"①这同马克思恩格斯的观点一脉相承。他们一致认为，通过共同劳动创造财富是共同富裕的前提。如果一部分人依靠剥削他人来积累财富，一个国家通过掠夺别国财富来提高本国富裕水平，那是不可能实现共同富裕的。

马克思主义经典作家揭示了人类走向共同富裕的历史趋势，说明了实现共同富裕的基本条件：不断发展生产力，使财富源泉充分涌流；实行社会主义制度，使全体人民共同劳动创造财富；根据生产力发展水平，在社会发展不同阶段上分别实行按劳分配和按需分配等分配方式，使全体人民共享财富。一个国家如何创造这些条件，实现共同富裕理想目标，是需要在实践中和理论上长期探索解决的问题。

（二）新中国历代领导人对共同富裕的构想和探索

中华大地是人类文明发祥地之一，在古代文明发展中曾走在世界前列。近代中国在工业革命中落伍，惨遭西方列强侵略，从鸦片战争到新中国成立前100多年一直处于战乱之中，深陷积贫积弱境地。中国共产党成立后，团结带领人民奋斗百年，彻底改变了贫困落后状况，全面建成了小康社会，如期开启了全面建设社会主义现代化国家新征程。在这个过程中，新中国历代领导人对如何实现共同富裕提出了多种构想，进行了长期探索。

1953—1957年，我国实施第一个五年计划，同时对农业、手工业和资本主义工商业实行社会主义改造。毛泽东同志在多次讲话中分析了社会主义现代化建设和共同富裕问题："我们的目标是要使我国比现在大为发展，大为富、大为强。……现在我们实行这么一种制度，这么一种计划，是可以一年一年走向更富更强的，一年一年可以看到更富更强些。而这个富，是共同的富，这个强，是共同的强……"②后来他提出了建设现代工

---

① 《列宁全集》第七卷，人民出版社1986年版，第112页。

② 《毛泽东文集》第六卷，人民出版社1999年版，第495页。

业、现代农业、现代科学文化和现代国防的构想，形成了四个现代化目标。① 当时我国经济实际发展水平尚处于解决温饱问题的阶段，共同富裕构想还是基于某种低标准，由于"文革"的干扰而未能循序渐进地付诸实施。这个时期的发展实现了从贫困到温饱的跨越，为以后全面建设小康社会打下了基础。

党的十一届三中全会后，我国进入改革开放和社会主义现代化建设新时期，成功开创了中国特色社会主义。1979年，邓小平同志在一次会见外宾时的谈话中把四个现代化称为中国式的四个现代化，首次提出建设小康社会目标，设想在20世纪末人均国民生产总值（现称国内生产总值）达到一千美元左右，成为"小康之家"。邓小平同志反复说明和强调："社会主义的本质，是解放生产力，发展生产力，消灭剥削，消除两极分化，最终达到共同富裕。"② 他创造性地提出了通过部分先富带动共同富裕的战略构想："共同富裕的构想是这样提出的：一部分地区有条件先发展起来，一部分地区发展慢点，先发展起来的地区带动后发展的地区，最终达到共同富裕。"③ 到20世纪末，我国人均国内生产总值按当时的汇率折算达到了一千美元左右，实现了"小康之家"目标。

2002年，江泽民同志在党的十六大报告中肯定人民生活总体上实现了从温饱到小康的历史性跨越，同时指出这种小康还是低水平的、不全面的、发展很不平衡的小康，确立了全面建设小康社会的历史任务。他在阐述"三个代表"重要思想时指出："制定和贯彻党的方针政策，基本着眼点是要代表最广大人民的根本利益，正确反映和兼顾不同方面群众的利益，使全体人民朝着共同富裕的方向稳步前进。"④ 这个时期全面建设小康社会取得重大进展，人民生活明显改善，成功把中国特色社会主义推向21世纪。

---

① 《毛泽东文集》第八卷，人民出版社1999年版，第116页。
② 《邓小平文选》第三卷，人民出版社1993年版，第373页。
③ 《邓小平文选》第三卷，人民出版社1993年版，第373—374页。
④ 《江泽民文选》第三卷，人民出版社2006年版，第540页。

2007年，胡锦涛同志在党的十七大报告中阐述科学发展观时强调："走共同富裕道路，促进人的全面发展，做到发展为了人民、发展依靠人民、发展成果由人民共享。"①从党的十六大到十八大，我国全面建设小康社会稳步向前推进，成功在新形势下坚持和发展了中国特色社会主义。

党的十八大以来，中国特色社会主义进入新时代。这既是全面建成小康社会的时代，更是全面建设社会主义现代化国家、不断创造美好生活、逐步实现全体人民共同富裕的时代。邓小平同志曾设想，在20世纪末达到小康水平的时候，就要突出地提出和解决缩小贫富差距、实现共同富裕问题。但是在20世纪末我国用人均国内生产总值衡量在世界上还属于低收入国家，人民生活的小康还是低水平的，因此在21世纪前20年，我国发展目标是全面建设和建成小康社会。2021年7月1日，在庆祝中国共产党成立100周年大会上，习近平总书记代表党和人民庄严宣告：经过全党全国各族人民持续奋斗，我们实现了第一个百年奋斗目标，在中华大地上全面建成了小康社会，历史性地解决了绝对贫困问题，正在意气风发向着全面建成社会主义现代化强国的第二个百年奋斗目标迈进。以习近平同志为核心的党中央审时度势，在开启全面建设社会主义现代化国家新征程时，突出地提出要扎实推动共同富裕。

（三）我国新时代推动共同富裕的行动指南

近年来，习近平总书记在一系列重要讲话、报告、文章中全面阐述了共同富裕目标、性质、任务、条件、步骤，科学回答了什么是共同富裕、怎样推动和实现共同富裕等问题。党和国家最高领导人发表系统论述共同富裕的系列讲话和文章，在中国共产党历史上是第一次，在世界历史上也是第一次。这些讲话和文章精神是我国新时代推动共同富裕的行动指南，当然也是本书研究广东如何实现共同富裕问题的指导思想，下面简要阐释其中几个要点。

---

① 《胡锦涛文选》第二卷，人民出版社2016年版，第624页。

重要 论断

　　总的思路是，坚持以人民为中心的发展思想，在高质量发展中促进共同富裕，正确处理效率和公平的关系，构建初次分配、再分配、三次分配协调配套的基础性制度安排，加大税收、社保、转移支付等调节力度并提高精准性，扩大中等收入群体比重，增加低收入群体收入，合理调节高收入，取缔非法收入，形成中间大、两头小的橄榄型分配结构，促进社会公平正义，促进人的全面发展，使全体人民朝着共同富裕目标扎实迈进。

　　　　　　——习近平：《扎实推动共同富裕》，《求是》2021年第20期

　　第一，共同富裕是社会主义的本质要求。前面引用马克思主义经典作家和新中国历代领导人对共同富裕的论述能够说明这个要点，再看看世界贫富分化现状，认识可以得到深化。当今世界有二十多个高收入国家，大部分是西北欧、北美洲、大洋洲的发达资本主义国家，构成世界富裕等级；亚洲、非洲、拉丁美洲绝大多数国家都属于中低收入国家或发展中国家，其中十多个低收入国家构成世界贫困等级。世界贫富分化既表现为穷国和富国人均收入倍差逐步扩大，也表现为多数国家长期滞留于中等收入等级，中低收入国家和高收入国家的人均收入差额有增无减。少数发达资本主义国家利用自己的经济技术优势，通过国际贸易中的单向不等价交换、国际投资收入的不合理分割、国际金融活动等途径来盘剥和攫取别国财富，实质上通过国际生产资本、商业资本、货币资本和军事资本的运作，无偿占有了中低收入国家的一部分劳动成果。这是造成世界贫富分化的主要制度根源。虽然我国和其他社会主义国家由于种种原因尚未实现共同富裕，但是社会主义社会自觉以共同富裕为奋斗目标，经过长期努力和曲折发展，最终必将实现共同富裕。

　　第二，共同富裕是中国式现代化的重要特征。按照党的十九大对未来发展两个阶段的安排，我国到2035年基本实现社会主义现代化，全体人民

共同富裕迈出坚实步伐；到本世纪中叶建成富强民主文明和谐美丽的社会主义现代化强国，全体人民共同富裕基本实现。这表明中国式现代化和共同富裕目标完全一致，发展阶段和进度有差异。共同富裕既是中国式现代化的重要特征，又是比现代化更艰巨的历史任务，要充分认识完成这一历史任务的长期性、艰巨性和复杂性。

第三，共同富裕是人民群众的物质生活和精神生活都富裕。2021年5月20日，中共中央、国务院发布的《关于支持浙江高质量发展建设共同富裕示范区的意见》指出："共同富裕具有鲜明的时代特征和中国特色，是全体人民通过辛勤劳动和相互帮助，普遍达到生活富裕富足、精神自信自强、环境宜居宜业、社会和谐和睦、公共服务普及普惠，实现人的全面发展和社会全面进步，共享改革发展成果和幸福美好生活。"这是迄今为止对共同富裕内涵最全面的概括和表述。以往讲富裕，主要是对物质生活而言，精神生活很少说富裕。在现代社会，物质产品和精神文化产品的生产是紧密联系、相互促进的，人们的物质生活和精神生活也是密不可分的。实现共同富裕不仅要大力发展物质资料生产，创造充裕的物质产品，满足全体人民的物质生活需要，而且要创造丰富的精神文化产品，满足人民群众多样化、多层面的精神文化需要。

第四，共同富裕不是少数人的富裕，也不是整齐划一的平均主义。从理论上讲，共同富裕至少是对两个社会成员而言，作为国家发展目标则是从全国人民的生活水平来评价，当然也可以分别从世界、国家及其内部省市县镇村等层次和范围来分析。富裕标准从收入和消费水平看有一个变化区间，达到这种标准的起点或下限就是富裕，上限似乎没有止境，但是受人口资源环境的约束。我国有14亿多人口，目前地区之间、城乡之间的发展条件和水平有很大差异，社会成员的能力也不同，各地区各阶层群众的富裕先后次序和水平必然有差异，不可能所有人同步富裕。随着我国经济社会不断发展，富裕的人会越来越多，富裕程度总体上会逐步提高，但是社会成员之间的富裕水平差异将长期存在。

第五，在高质量发展中促进和实现共同富裕。这一要点的具体内容非常丰富，展开来讲可以描绘出共同富裕道路。"道路"词义原指地面上供人们和各种交通工具通行的空间，作为一个社会政治概念是指实现某种目标的路线、战略、步骤和措施。共同富裕道路就是通过高质量发展不断开辟和扩大财富源泉，促进人和社会全面发展，构建协调配套的三次分配制度，实现财富共享，逐步让全体人民都过上好日子。这些内容将在本书后面章节结合广东实际情况具体分析和探讨。

二　全面建成小康社会为走向共同富裕开辟了光明大道

"小康"的词义是指个人或家庭生活在社会上达到中等水平，我国全面建成小康社会是建设社会主义现代化国家、实现中华民族伟大复兴的第一个百年奋斗目标，从人民生活看就是总体上达到世界中等水平。目前全国财富产出能力有多大？离现代化和共同富裕有多远？从国家层面分析这些问题，能够说明广东未来发展的大背景，对后面各章探讨如何走好共同富裕的广东路是一种必要的铺垫和准备。

（一）国内生产总值：世界坐二望一

国内生产总值是反映一个国家一定时期发展成果和产出财富的国际通用指标。表1-1列出了1952—2021年五个年份的人口和国内生产总值等指标，大体反映了人民生活从贫困到温饱再到全面小康逐步迈上的几个台阶。这期间国内生产总值按当年价格计算增长了1683倍，按1952年不变价格计算大约增长了200倍。不同时期的产品种类、结构、质量和价格都有变化，在价格水平上升情况下按当年价格计算国内生产总值增幅会高估发展成果，在新产品层出不穷情况下按早年不变价格计算增幅则会低估发展成果，实际发展成果增幅应当介于两种计算结果之间。

表1-1 1952—2021年中国人口和国内生产总值增长情况

年份	1952	1978	2002	2012	2021
人口（亿人）	5.75	9.63	12.85	13.54	14.13
国内生产总值（亿元）	679	3678.7	121717.4	538580	1143670
人均国内生产总值（元/人）	118.12	382.17	9475.64	39775.78	80939.14

资料来源：中华人民共和国国家统计局：《中国统计年鉴2021》表3-1"国内生产总值"，《中华人民共和国2021年国民经济和社会发展统计公报》，《第七次全国人口普查公报（第六号）》，国家统计局网站；国家统计局国民经济综合统计司：《新中国六十年统计资料汇编》，中国统计出版社2010年版，第6页、第9页。

各国分别以本币单位核算的国内生产总值需要用适当方法转换为以国际货币计量，才能进行国际比较。我国国内生产总值按汇率折算为美元自2010年以来排世界第二位，按购买力平价折算为国际元或美元自2014年以来排世界第一位。国内生产总值属于客观变量，它的真实而精准的折算结果应当是一个而不是两个差额很大的数值。国内外一些专家认为汇率法和购买力平价法各有局限，可能分别低估和高估我国经济总量。

英国学者麦迪森按购买力平价估算，1950年我国人均国内生产总值相当于美国的4.6%、拉丁美洲国家平均水平的17%、非洲国家平均水平的52%、印度的70%。[1]如果这种估算大体符合实际，那就意味着当时我国是世界上最大的贫困国家。2009年，我国人均国内生产总值按两种方法折算同年达到中等收入国家水平，现处于中等偏上收入国家水平，见表1-2。

---

① 安格斯·麦迪森：《世界经济千年史》，北京大学出版社2003年版，第262页。

表1-2 中国和部分国家人均国内生产总值（2019年）

	中国	巴西	印度	美国	英国	德国
汇率法（美元）	10262	8717	2104	65118	42300	46259
购买力平价法（国际元）	16785	15259	7034	65118	48710	56052

资料来源：国家统计局：《国际统计年鉴2020》，中国统计出版社2021年版，第23—26页，第31页。

我国总人口是美国的4.62倍，超过了世界上所有高收入国家的人口总和。这对财富产生巨大的除数效应，使得我国人均国内生产总值大幅低于美国等高收入国家，但是依然明显高于巴西和印度等国家。鉴于分别用两种方法进行国内生产总值折算的数值差额很大，需要把它同各产业实物指标结合起来分析，全面认识我国产出财富总量和发展水平。

（二）建成世界上规模最宏大、门类最齐全的工业体系

当今世界将近有200个国家，我国工业体系规模最宏大、门类最齐全，没有之一。在各种工业产品中，我国有一半的品种产量居世界第一位，许多品种的产量占世界半数以上。2021年我国16种工业产品产量，其中原煤、发电量、粗钢、钢材、水泥、化肥、汽车、大中型拖拉机、手机、微型计算机、彩电、冰箱、空调居世界第一位，见表1-3。

表1-3 1978年和2021年中国工业部分产品产量

品种	产量		品种	产量	
	1978年	2021年		1978年	2021年
原煤（亿吨）	6.18	41.3	汽车（万辆）	14.91	2652.8
石油（万吨）	10405	19888.1	大中型拖拉机（万台）	11.35	41.2

续表

品种	产量		品种	产量	
	1978年	2021年		1978年	2021年
天然气（亿立方米）	137.3	2075.8	集成电路（亿块）	0.30	3594.3
发电量（亿千瓦时）	2566	85342.5	手机（万台）	0	166151.6
粗钢（万吨）	3178	103524.3	微型计算机（万台）	0	46692.0
钢材（万吨）	2208	133666.8	彩电（万台）	0.38	19626
水泥（亿吨）	0.65	23.8	冰箱（万台）	2.8	9015
化肥（万吨）	869.3	5543.6	空调（万台）	0.02	21035

说明：彩电、冰箱、空调产量为2020年数据。本表和正文数据来源：《中国统计年鉴2021》，中国统计出版社2021年版，第448—449页，《中华人民共和国2021年国民经济和社会发展统计公报》；国家统计局国民经济综合统计司：《新中国六十年统计资料汇编》，中国统计出版社2010年版，第43—44页；工业和信息化部：《装备工业有力支撑制造强国建设》，中华人民共和国工业和信息化部网站。

目前我国一些工业产品制造和研发技术已经达到世界领先或先进水平，主要有：五轴镜像铣机床、1.5万吨充液拉伸装备等40余种主机产品；火电、水电、风力发电机组和太阳能光伏发电设备，特高压直流输电技术；深海钻井设备和海港大型吊装机械；铁路运输设备；新能源汽车电池、电机、电控技术；无人机研制技术；等等。举世瞩目的长江三峡工程、向家坝、溪洛渡、乌东德、白鹤滩水电站相继建成全部或部分投产。2015年以来中国新能源汽车销量占世界50%以上，工业机器人产量位居全球第一；C919飞机试飞工作接近尾声，即将交付商业使用，ARJ21飞机批量投入商业运营；消费级民用无人机产品占据全球70%以上市场份额。

根据工业生产能力、总体技术水平和主要产品产量来看，我国工业化水平已经赶上欧美国家自近代以来数百年所达到的工业化水平，这为全面建成小康社会和走向共同富裕奠定了坚实的物质基础。当然，我国工业发展中也存在一些问题，高端产业比重较小，中低端产业比重较大，一些行业存在产能过剩问题，整体质量和效益有待提高。

（三）保持和巩固世界最大农业生产国地位

从主要农产品产量看，我国一直是世界最大农业生产国。目前我国主要农产品产量除了大豆和甘蔗之外，均占世界总产量的1/5左右，稻谷、花生、水果分别占世界的1/4以上，蛋类占世界的四成以上；多数农产品产量居世界第一位。表1-4列出了新中国几个时期的六大类农产品产量。

表1-4　1949—2021年中国主要农产品总产量

单位：万吨

品种	1949年	1978年	2021年
粮食	11318	30476.4	68285
棉花	44.4	216.7	573
油料	256.4	521.8	3613
水果	120	657.0	27400
肉类产品	—	865.3	8887
水产品	44.8	465.4	6693

说明：水果产量为2020年数据。资料来源：国家统计局国民经济综合统计司：《新中国六十年统计资料汇编》，中国统计出版社2010年版，第37页；《中华人民共和国2021年国民经济和社会发展统计公报》。

旧中国农业生产基本上依靠手工劳动，几乎没有农业机械。新中国70多年来，通过多种途径不断增加对农业的投入，逐步改善农业生产条件。2020年全国农业拥有大中型拖拉机477.3万台，大中型配套农具459.4万台，小型拖拉机1727.6万台，基本上实现了农业机械化。1952—2020年，农业机械总动力由18.4万千瓦增长到105622.1万千瓦，化肥施用量由7.8万吨增长到5250.7万吨，农村用电量由0.5亿千瓦时增长到9717.2亿千瓦时（数据来源同表1-4）。虽然我国农业劳动生产率和由此决定的农民收入还比较低，但是现在作为世界最大农业生产国的地位比以往任何时候都更加稳固，为全国人民提供了最基本的生存保障。

（四）交通运输和通信业率先达到现代化水平

"要想富，先修路。"这句话表达了一种朴素真理，至今没有过时。为了修建覆盖全国的铁路和公路网络，中国铁路和公路建设者逢山开路，遇水架桥，创造了许多人间奇迹。1978年以来，我国修筑了9.46万公里铁路、430.79万公里公路。1980—2020年共建设了12412座铁路隧道，总长约17621公里，占我国铁路隧道总长度的90%，占铁路营业里程的12.1%。[1]目前我国公路桥梁有83.3万座，总长度5.2万公里，其中51.4万座是在1978—2018年期间建设的。世界上最高和最长的桥梁都位于中国，在山川大地构筑了一道道亮丽的风景线。[2]

如果说我国有些行业从总体上率先达到现代化水平，那应该有交通运输业。目前我国已建成由铁路、公路、水运、空运和管网构成的非常完整和发达的交通运输体系。2020年末，全国有铁路营业里程14.6万公里，机车2.2万台，其中内燃机车0.8万台，电力机车1.38万台；四级及以上等级公路里程494.45万公里，从事客货运输的营运汽车1171.5万辆；内河航运里程12.8万公里，港口生产用码头泊位22142个，船舶12.7万艘；民航机场241个，定期航班通航城市237个。[3]这些数据反映了中国交通运输体系的现有规模。

人们知道，美国交通运输比较发达。目前我国每年公路客运、铁路货

---

[1] 田四明、王伟、巩江锋：《中国铁路隧道发展与展望》，《隧道建设》2021年2月。

[2] 赵珊珊：《40年·见证：中国桥梁 大国名片》，新华网2018年11月7日。

[3] 中华人民共和国交通运输部：《2020年交通运输行业发展统计公报》。

运周转量和航空客货运输量还少于美国，但是公路货运、铁路客运周转量和港口集装箱吞吐量均大大超过美国。我国主要城市机场设施和高铁网络比美国先进。从总体上看，我国交通运输发达程度不低于美国和其他任何国家。

20世纪80年代初，当美国开发出第一代移动通信技术（1G）并迅速推广应用时，我国在这个领域几乎还是一片空白。经过从1G到4G的发展，我国企业华为公司在第五代移动通信技术（5G）领域走在世界前列。2021年末，我国有移动电话用户16.43亿户，移动电话基站总数996万个，其中4G基站590万个、5G基站143万个，5G网络已覆盖全国地级以上城市及重点县市；固定互联网宽带接入用户5.36亿户，蜂窝物联网终端用户13.99亿户；互联网普及率73%，其中农村互联网普及率57.6%。[①]从表1–5数据和其他相关资料看，我国网络信息业总体上和发达国家处于同一档次，在5G技术等领域保持世界领先地位，是率先达到现代化水平的行业之一。

表1–5　中国和美国等国家信息化部分指标（2019年）

项目	中国	美国	德国	英国	印度	巴西
移动电话（部/千人）	1203.6	1290.0	1283.6	1183.6	842.7	988.4
互联网网民占总人口比例（%）	64.5	88.5	88.1	92.5	20.1	70.4
每千人宽带用户（个/千人）	313.4	346.7	419.9	301.8	14.5	154.3

资料来源：国家统计局：《国际统计年鉴2020》，中国统计出版社2021年版，第289—292页。

（五）科学技术：从跟跑并跑向领跑并跑前进

在田径比赛的长跑项目中，各个运动员的位置分别处于三种状态：有

---

① 国家统计局：《中华人民共和国2021年国民经济和社会发展统计公报》，国家统计局网站。本书2021年数据来源除单独注明出处之外，均与此注相同，不再另注出处。

的在前面领跑，有的在中间并跑，有的在后面跟跑。目前我国科学技术在不同领域分别处于跟跑、并跑、领跑三种状态，总体上正从跟跑并跑向领跑并跑前进。下列领域部分领跑，部分并跑。

在基础研究和重大科技攻关中，有控核聚变实现"人造太阳"首次放电，76个光子的量子计算原型机"九章"、62比特可编程超导量子计算原型机"祖冲之号"成功问世，散裂中子源等一批具有国际一流水平的重大科技基础设施通过验收。

在空间科技和探测中，北斗卫星导航系统建成并投入营运；探月工程分"绕""落""回"三步圆满完成；"天问一号"开启火星探测；"怀柔一号"引力波暴高能电磁对应体全天监测器卫星成功发射；"慧眼号"直接测量到迄今宇宙最强磁场；中国空间站建设取得重大进展，实现了多名宇航员长期在轨工作；500米口径球面射电望远镜建成并取得一批成果，首次发现毫秒脉冲星。

在应用和民生科技中，智能制造取得长足进步，人工智能、数字经济蓬勃发展，图像识别、语音识别走在全球前列；在实验室人工合成淀粉取得成功；医用重离子加速器、磁共振、彩超、CT等高端医疗装备国产化替代取得重大进展；煤炭清洁高效燃烧、钢铁多污染物超低排放控制等多项关键技术推广应用，促进了空气质量改善。近年来，科技界为国家应对新冠肺炎疫情提供了科技和决策支撑，成功分离出世界上首个新冠病毒毒株，完成病毒基因组测序，开发一批临床救治药物、检测设备和试剂，研发应用多款疫苗，科技在控制传染、病毒溯源、疾病救治、疫苗和药物研发、复工复产等方面提供了有力支撑。

（六）教育文化卫生事业全面发展

我国已建成世界上规模最大的教育体系。2021年我国共有各级各类学校52.93万所，在校生2.91亿人，专任教师1844.37万人。当年研究生毕业生77.3万人，普通本专科毕业生826.5万人，中等职业学校毕业生484.1万人，普通高中毕业生780.2万人，普通初中毕业生1587.1万人，普通小学毕业生

1718.0万人。①2020年第七次全国人口普查与2010年第六次全国人口普查相比，每10万人中拥有大学文化程度的由8930人上升为15467人，拥有高中文化程度的由14032人上升为15088人，拥有初中文化程度的由38788人下降为34507人，拥有小学文化程度的由26779人下降为24767人，15岁及以上人口的平均受教育年限由9.08年提高至9.91年，文盲率由4.08%下降为2.67%。②

截至2020年末，新中国70多年共出版图书908.66万种3383.4亿册，发行期刊1132.8亿册，发行报纸14758.7亿份。与此同时，全国生产了大量的电影故事片、纪录片、科教片和各种广播电视节目。2020年末，全国有线电视实际用户2.10亿户，其中95.7%为有线数字电视用户；广播节目综合人口覆盖率为99.4%，电视节目综合人口覆盖率为99.6%；全年生产电视剧202部7476集、电视动画片116688分钟；全年生产故事影片531部，生产科教、纪录、动画和特种影片119部。这些文化产品与一般物质产品不同，不会因为人们阅读、收听、收看而减少。其中有些粗制滥造之作或快或慢被淘汰，各种优秀作品得到广泛传播并不断积累，成为中国文化的宝贵财富。

1949—2021年，我国医疗卫生机构由3670个增加到103.1万个，其中医院由2600个增加到37000个；医疗卫生技术人员由54.1万人增加到1123万人，全国医疗机构床位数由8.5万张增加到957万张。③2020年每千人执业医师为2.89人，每千人床位数为6.45张，这两项指标达到乃至超过了美国和英国水平，见表1-6。从近年抗击新冠肺炎疫情的成效看，我国不论是医疗卫生管理体制和疾病防治能力，还是医务工作者的专业水平和敬业精神，在世界上都是非常出色的。

---

① 教育部发展规划司：《2021年全国教育事业统计主要结果》，教育部网站。

② 国家统计局：《中国统计年鉴2020》，中国统计出版社2021年版；《第七次全国人口普查公报（第六号）》，国家统计局网站。

③ 文化卫生数据来源：《中国统计年鉴2021》，中国统计出版社2021年版，第743—773页。

表1-6 中国教育科学卫生情况部分指标的国际比较（2018年）

	中国	印度	巴西	美国	英国	德国
高等教育粗入学率（%）	50.6	28.1	51.3	88.3	61.4	70.3
居民专利申请（件）	1393815	16289	4980	285095	12865	46617
非居民专利申请（件）	148187	33766	19877	312046	27200	21281
每千人口医生数（人）	2.0	0.8	2.2	2.6	3.7	4.0
每千人口病床数（张）	4.2	—	2.2	2.9	2.8	8.3

资料来源：《国际统计年鉴2020》，中国统计出版社2020年版，第336—344页。

（七）城乡建设展新容

凡是到过深圳的人，莫不对这座全新城市拔地而起有所感慨。40多年前，这里还是个边陲渔村，如今成为经济总量超过香港和广州的一线城市，蕴含巨大发展潜力。事实上，北京、上海、广州、深圳这四个一线城市和一些省会城市或区域中心城市的繁华程度不低于发达国家的大都市。全国大中小城市基础设施、街道社区、居民住宅、商业网点、医疗保健和娱乐场所以及绿化建设都不断展现出新容貌，朝着现代化方向迈进。

2020年，我国共有县级以上城市687座，城区建成区面积60721平方公里，城区人口44253万人，另外还有9509万暂住人口。1981—2020年，城市用水和燃气普及率分别由53.7%、11.6%提高到98.99%、97.87%，人均道路面积和公园绿地面积分别由1.8平方米、1.5平方米提高到18.04平方米、14.78平方米。2019年，全国城市轨道交通里程为6058.9公里，其中5170.6公里为地铁，超过了世界上包括所有发达国家在内的其他国家地铁总里程。[1]

我国农村共有251.3万个自然村，户籍人口7.76亿人，常住人口6.86亿人。国家先后实施新农村建设和乡村振兴等战略，通过以城带乡、以工补农推动农村建设。1978—2019年，农村人均住房建筑面积由8.1平方米增加

---

[1] 中华人民共和国住房和城乡建设部：《中国城市建设统计年鉴2020》，中国统计出版社2021年版。

到32.9平方米，大于城镇人均住房面积。其中70%以上为钢筋混凝土或砖混结构住房，数亿农村人口住上了单家独户楼房。在全国扶贫攻坚战中，全国有790万户、2568万贫困人口的危房得到改造，累计建成集中安置区3.5万个、安置住房266万套，960多万人搬入了新家园。按照现行贫困标准计算，我国改革开放以来使7.7亿农村贫困人口摆脱贫困；按照世界银行国际贫困标准，我国减贫人口占同期全球减贫人口70%以上。[①]

1978—2019年，全国农村公路总里程由59万公里增长到405万公里，建制村客车通车率达到96.5%。2019年农村供水管道长度183.64万公里，供水普及率为80.98%。全国电网完全覆盖农村地区，保证了农村生产和生活用电。[②]

（八）生态文明见成效

生态文明建设成效主要有五个方面：一是形成了"绿水青山就是金山银山"的发展理念并得到积极践行，建立了比较完整的生态文明制度，包括多部环境保护法律和配套政策；二是转变发展方式，大力发展生态经济和循环经济，不断提高资源利用效率，最近十年来废水废气废渣等污染物排放量有不同幅度减少；三是开展了保卫蓝天碧水净土攻坚战，取得了明显成效，2020年和2016年相比，城市空气优良率由78.8%提高到87%，地表水优良率由35.5%提高到83.4%，劣五类水比例由8.6%下降为0.6%；[③]四是建立了首批国家公园和474个自然保护区，总面积9811.4万公顷，珍稀动植物得到有效保护，森林覆盖率稳步提高；五是深入参与保护生态环境的国际合作，在应对全球气候变化等方面发挥了积极作用。

虽然我国生态文明发展取得了上述成果，但是同建设美丽中国和实现

---

① 习近平：《在全国脱贫攻坚总结表彰大会上的讲话》，新华网2021年2月25日。

② 国家统计局农村社会经济调查司编：《中国农村统计年鉴2019》，中国统计出版社2019年版，第41页。

③ 中华人民共和国生态环境部：《2016年中国生态环境状况公报》《2020年中国生态环境状况公报》。

中华民族永续发展的要求相比还有较大差距，一些地方追求金山银山重于保护绿水青山。我国与发达国家环境质量差距大于一些经济指标差距，缩小这种差距的难度可能更大。

（九）从实际消费看人民生活

我国人民生活水平和过去相比有显著提高，比较年份越早，提高幅度就越大，这是人们公认的事实。同发达国家特别是美国相比，我国人民生活究竟达到了什么水平？这个问题可谓众说纷纭。用近年32大类工农业产品和服务量指标按加权平均计算，我国人均量大约为美国的2/3，这个比例大大高于中国人均国内生产总值折算值与美国的比例。表1-7反映了我国6种耐用消费品普及情况，除了汽车普及率低于美国之外，移动电话和家用电器普及率并不低于美国。比较中美两国居民生活水平应当考虑以下三个因素。

表1-7　我国城乡居民每百户拥有的几种耐用消费品数量（2020年）

品种	城镇	农村	品种	城镇	农村
彩色电视机（台）	123	117.8	家用汽车（辆）	44.9	26.4
电冰箱（台）	103.1	100.1	移动电话（台）	248.7	260.9
洗衣机（台）	99.7	92.6	电脑（台）	72.9	28.3

资料来源：《中国统计年鉴2021》城乡居民耐用消费品数据。

第一，中美两国生产和消费结构有很大差异。目前我国工农业和服务业增加值分别占国内生产总值的50%左右，其中工农业增加值超过美国；美国这两个比例分别为20%和80%，其中服务业增加值超过我国。在美国服务业增加值中，大部分是按年度投资核算或估算的增加值，并不等于产生了相应的服务成果，也不一定和实际服务工作量同步增长。在我国居民消费总支出中，实物产品和服务消费分别占65%和35%；美国居民消费的这两个比例分别为40%和60%。例如，2018年我国居民食品烟酒、医疗保健消费分别占总消费的28.36%和8.5%，美国居民分别占8.12%、21.6%。[①]服务消费比重大是美国等高收入国家的消费特点之一。一些高档高价服务主要是由高收入阶层特别是富翁享受，有的属于奢侈消费，拉高了美国服务平均消费比例，但是并不能惠及中低收入阶层。这种生产和消费结构差异会使两国人均名义国内生产总值差距大于人均消费品和服务消费差距。

第二，我国大量基础设施和公共服务的人均分享量不随人口增加而相应减少。公路、铁路和城市轨道交通线路、路灯、公共图书馆、医院等设施具有不同程度的公共物品性质，在一定条件下可以共享。虽然我国人口多需要建设更多这类设施，但是我国这类设施为美国的倍数可以小于人口为美国的倍数，通过提高利用效率，可以在不降低服务质量的前提下为更多人分享。

第三，长期以来，美国通过增发美元、发行国债等债券来增加投资和消费补贴，引起国内生产总值和负债同步增长，其中很大部分没有创造相应的财富。例如，2010—2020年，美国国内生产总值中的国防增加值累计为45098亿美元，平均每年为4509.8亿美元。[②]这些费用部分来自发债收入，其中很大部分用于对别国实行军事干涉乃至侵略，不仅无助于增加本国国民福利，反而招惹了不少麻烦，给别国人民造成灾难。我国以相对较少的国防开支所赢得的国家整体安全并不低于美国。

综上所述，我国已经建成了世界上规模最宏大、门类最齐全的工业体系，在不断推进新型工业化基础上保持和巩固了作为世界最大农业生产国的地位，建成了比较发达的交通运输体系和世界上最先进的移动通信网络，在科学技术方面正从跟跑并跑向领跑并跑前进，教育文化卫生体育等

---

① 中国比例根据《中国统计年鉴2020》《中国统计年鉴2019》人口、三次产业产品和服务、全国居民人均收支情况数据计算；美国比例见《国际统计年鉴2020》居民消费支出构成。

② Gross Output by Industry，U.Value Added by Industry，Last Revised on: September 30, 2020.

事业全面发展，城乡建设和人民生活水平不断提高，国防和军队建设正在走向现代化。所有这些，都是中国共产党领导人民百年奋斗所取得的重大成就。总体判断，我国全面建成小康社会为到本世纪中叶基本实现共同富裕创造了良好条件，拓宽了发展道路，展现了光明前景。

三 为到本世纪中叶基本实现共同富裕接续奋斗

我国社会主义现代化进程从新中国成立时算起，到现在已经付出了三至四代人的努力，到本世纪中叶大约还有两代人的奋斗进程。按照中央部署接续奋斗，到本世纪中叶必将全面建成社会主义现代化强国，基本实现共同富裕。

（一）现代化和共同富裕标准

现代化是自近代以来形成的一个动态概念，在不同时代有不同内容和要求。国家现代化主要是对总体发展水平而言，如果一个国家的工农业、服务业、国防和科学技术总体上达到世界先进水平，就实现了现代化。我国社会主义现代化目标是融富强民主文明和谐美丽为一体的新型现代化，同西方国家近代以来形成的传统现代化标准相比，目标更远大，内容更全面，任务更艰巨，前景更美好。有必要建立一套由实物指标、价值指标和相关分析指标相结合的现代化评价标准，不能简单采用按汇率折算的经济总量和人均国内生产总值指标来评估我国新型现代化进度和水平。

问：西北欧国家现在属于资本主义体系，富裕程度比较高，收入差距比较小，是否说明资本主义社会也能实现共同富裕？

答：从人均收入看，西北欧国家总体上是比较富裕的，但是依然存在一定的贫富差距。在资本主义世界体系中，绝大多数国家长期滞留于中低收入水平，存在严重的贫富分化。诸如瑞士、挪威、芬兰等西北欧国家分别只有几百万人口，还不如中国一些省会城市的人口多。在资本主义世界贫富分化加剧的背景下，少数发达国家内部收入差距缩小，不能说明资本主义社会能实现共同富裕。

按照马克思主义经典作家的分析预言，在资本主义社会不可能实现全人类共同富裕；只有走社会主义道路，最终在共产主义高级阶段才可能实现全人类共同富裕。

共同富裕是对一个国家或地区全体人民的财富共享和生活水平而言，当社会生产和各项事业发展使物质财富和精神财富足够丰富，通过公平分配让全体人民的物质文化需要得到平衡而充分满足，就实现了共同富裕。人类社会发展历史上的富裕标准是逐步提高的，我国共同富裕标准既要符合国情，又要具有现代性和国际可比性。目前流行按汇率把人民币收入折算为美元进行国际比较，用人均国内生产总值等指标来衡量富裕水平。人民币兑美元的汇率受我国进出口贸易状况和对美元的需求、美国货币政策等多种因素影响，折算值通常不能准确反映我国人民实际生活水平。不论人民币收入按什么方法转换为用国际货币计量，都难免有误差，所以不宜用名义人均收入等单一指标来衡量富裕程度。可以设置反映城乡居民生活水平的综合指数，由家庭财产、人均收入、城乡居民收入差距、主要消费品的人均消费量、人均受教育程度、预期寿命、基尼系数等多种指标按一定权重合成，力求反映全国人民实际生活水平变化。在我国富裕程度的国际比较中应当更加注重实物指标，参考购买力平价，探索新的国际比较方法。

我国现在离共同富裕还有较大差距，如果到本世纪中叶多数人的生活达到了富裕标准，另外少数人虽然还算不上富裕，但是总体上也属于中等收入阶层，那就可以说基本实现了共同富裕；只有当全体人民都达到了富裕标准，才能说完全实现了共同富裕，那可能需要到本世纪下半叶乃至22世纪继续奋斗。现在有必要制定到2035年推进共同富裕和本世纪中叶基本实现共同富裕的两步走行动方案，提出不同阶段逐步递进的目标和措施。

（二）我国离现代化和共同富裕目标的差距

人们的生活似乎没有最好，只有更好。如果用新中国成立之初或改革开放前期的标准来衡量，那么现在可以说全国绝大多数人都过上了好日子。然而，现在国内许多人的好日子标准不仅要向高收入国家看齐，而且习惯于以世界上最好的地方为参照系来寻找国内发展中的问题：收入水平同西北欧国家比，科学技术同美国和德国比，生态环境同加拿大和澳大利亚比。人们注重国际比较有一定合理性，我国经济社会发展状况同发达国家相比的确还有不少差距，但是毋庸置疑，现在我国比历史上任何时候都更加接近现代化和共同富裕。

如果以美国等发达国家为比较对象来判断我国离现代化的距离，那么按赶超时间评估，我国在科技教育、工农业和服务业部分领域已经达到了世界先进水平，其他领域还有5年到30年的差距，主要是农业劳动生产率和工业增加值率较低，经济发展整体质量和效益不高，尚未掌握一些关键技术核心技术，有些先进技术刚刚突破还处于向生产力转化过程中，人均受教育年限和教育质量尚需提高。

如果以世界上高收入国家目前的平均收入为参照系，判断我国人均财富拥有量与高收入国家的差距，那么我国人均国内生产总值按汇率法折算大约相当于高收入国家平均水平的1/4，按购买力平价折算大约相当于高收入国家的1/3，按三次产业产品和服务量计算人均财富拥有量大约相当于高收入国家的2/3。

从总体上看，我国仍然是世界最大的发展中国家。现在我国还称不上发达国家，不仅是因为同世界上最发达的国家相比在科学技术和人民生活等方面还有不少差距，更主要的是因为同本国14亿多人口形成的巨大需求相比还存在发展不平衡不充分问题，社会总财富还不能满足人民日益增长的美好生活需要。同时也要看到，发展中国家存在中等收入、中低收入和低收入多个等级，我国是世界最大的中等收入国家，正处于向现代化和共同富裕迈进的发展阶段。

（三）为到本世纪中叶基本实现共同富裕接续奋斗的几个着力点

根据马克思主义经典作家和新中国历代领导人特别是习近平总书记对共同富裕的论述，下面分析促进共同富裕的几个着力点，概括介绍本书后面各章内容。

第一，通过高质量发展培植充足财源。我国现有财富总量无论怎样在14亿多人口中分配，都不足以实现共同富裕。只有不断发展生产力和社会各项事业，培植充足财源，包括扩大现有财源和开辟新的财源，才能创造出实现共同富裕所需的财富总量。为此，要坚持人民至上，真正以人民日益增长的美好生活需要为导向，处理好三种关系：一是市场导向与人民需要导向的关系，在企业层面实行以市场为导向，在国家层面则应强调以人民需要为导向，根据人民需要的变化来校正市场导向的偏差；二是经济需要与生态需要的关系，认真践行绿水青山就是金山银山的理念，力争经济发展与环境保护共赢，全面满足人民的经济需要和生态需要；三是国内需要与国际需要的关系，以国内需要为主，兼顾国际需要，这样才能构建以国内大循环为主体、国内国际双循环相互促进的新格局。本书第二章将分析广东走向共同富裕的条件和进程，第三章探讨如何通过高质量发展培植充足财源的问题，争取提出一些可行思路、办法和措施。

我国几度出现产能过剩现象，是生产偏离甚至脱离人民需要的后果。生产目的是满足人民需要，大量产品生产出来后却处于闲

置和积压状态，不能用来满足人民需要，造成巨大浪费。例如，目前我国许多居民的住房条件还比较差，但是有大量商品房积压和空置，这是本来不应该发生而实际上发生了的现象。现在看来，产能过剩在市场经济中有一定普遍性，市场供求关系经常会在供过于求和供不应求之间波动。我国在建立社会主义市场经济体制过程中，因为市场机制不够完善，微观行为不够理性，宏观调控不够有力，所以出现了产能过剩。这个问题可以也应当在全面深化改革中设法解决。值得注意的是，现在不少地方又出现某些新兴产业的重复建设，要预防未来发生新一轮产能过剩。

第二，统筹推进区域协调和城乡融合发展。我国东中西各大区域和省、自治区及其内部地市之间的发展不平衡问题比较突出。从广东省的情况来看，珠江三角洲和粤东西北地区的差距比较大。一方面要加快相对落后地区发展，另一方面相对发达地区也要继续发展，按照国家五年规划、年度规划和各种专项规划，力求实现区域协调发展。我国在全面建设现代化过程中要统筹三次产业协调发展，在大力做强做优第二三产业的同时始终高度重视发展第一产业，不能脱离国情追求以工农业和服务业增加值此消彼长为特征的所谓产业结构高级化，切忌向西方国家实体经济占比过低的产业结构看齐。本书第四章将分析广东区域协调和城乡融合发展问题，有些意见和结论对全国区域协调发展也许可供参考。

第三，大力促进教育公平和人的全面发展。社会成员收入差距在一定程度上是由他们的能力大小差距造成的，促进教育公平和人的全面发展，缩小社会成员的能力大小差别，是缩小收入差距的根本办法和长效措施。虽然目前我国已建成世界上规模最大的教育体系，每年各级学历教育毕业生都居世界第一位，但是全国人均受教育年限还不到十年，比发达国家少三年左右。从过去每十年人均受教育年限的增长速度来看，未来30年必须高质量发展教育事业，每十年要使人均受教育年限提高一年，才能在30年内使人均受教育年限赶上发达国家现在的水平。要更加注重促进人的全面发展和培养顶尖人才，为全面建设现代化提供各类人才。本书第五章将探讨这方面的问题，力求字里行间有些亮点。

第四，构建协调配套的三次分配制度体系。从马克思主义经典作家的研究和现实情况来看，在存在大量私有制经济并实行按资本分配的条件下，必然出现较大的贫富差距。因此，马克思主义经典作家认为只有在实行公有制和废除按资本分配的条件下才能完全实现共同富裕。我国处于社会主义初级阶段，为了尽快做大做好蛋糕，必须实行公有制为主体、多种所有制经济共同发展和按劳分配为主体、多种分配方式并存等基本经济制度。在这样的制度条件下要把贫富差距控制在一定幅度之内，保证到本世纪中叶基本实现共同富裕，就必须建立协调配套的三次分配制度，加大收入调节力度。我国初次分配和再分配体系比较完整，第三次分配也有一定发展，但是三次分配及其协调配套机制都还有些问题值得研究，需要改进和完善。本书安排第六、七、八章分别研究初次分配、再分配和第三次分配，从全国和广东两个层次深入探讨如何建立健全三次分配制度体系问题。各章内容以研究广东问题为主，同时兼顾全国情况，力争提出一些有助于建立健全三次分配制度的意见和建议。

第五，护好绿水青山，做大金山银山。我国既有绿水青山，也有金山银山，但是不同地区的绿水青山和金山银山质量数量以及分布状况参差不齐，总体上离共同富裕目标和要求还有较大差距。在走向共同富裕的道路上，既要养护好绿水青山，又要做大金山银山，让绿水青山和金山银山相互滋养。只有这样，才能不断提供更好更多的物质文化产品，满足人民日益增长的美好生活需要；才能不断提供更好更多的生态产品，满足人民日益增长的优美生态环境需要。这些内容构成本书第九章，案例饶有趣味，观点可供分享。

第六，在不断提高开放水平和国内外双循环中推进共同富裕。当今世界各国科技和产业竞争异常激烈，没有一个国家在所有领域都处于世界领先水平。可以说，世界主要国家各有所长，也各有所短。如果各国能够加强合作，取长补短，那不仅能够互利共赢，而且可以极大增进全人类福利。但是美国等国家抱团遏制和打压我国，为国际合作设置了重重障碍。在这种背景下，我国不得不建立尽可能完整的经济体系，至少在主要领域谋求达到世界先进水平。在未来发展中我国要更加注重自主创新，同时继续学习和引进国外先进技术，力争在基础研究和人工智能、量子信息、高端芯片、超导材料、石墨烯、核聚变、生命健康、脑科学、生物育种、空天科技、深地深海等前沿科技研发方面取得突破并尽快转化为生产力。如果在科学技术主要领域做到领跑、并跑、跟跑各占三分之一，就能够支撑中国式新型现代化。本书第三章将探讨如何向科技创新要财富，第十章将探讨如何在国内外双循环和粤港澳大湾区建设中走向共同富裕。这些内容既突出广东地方特色，又略具全国性意义。

第二章

广东走向共同富裕的条件和进程

任何事物发展都有赖于多种条件，社会经济发展尤为如此。广东全面建成小康社会为走向共同富裕创造了许多有利条件，同时存在一些不利条件或制约因素，总的来看是有利条件多于或大于不利条件。中国共产党广东省第十三次代表大会报告提出，着力保障和改善民生，扎实推进共同富裕。广东从现在到本世纪中叶的发展进程可以分为大中小若干阶段，只要按照中央和省委的统一部署努力奋斗，稳步前进，必将在本世纪中叶基本实现共同富裕。

一 广东走向共同富裕的有利条件

广东位于我国大陆最南端，与广西、湖南、江西、福建接壤，与海南隔海相望，与香港、澳门山水相连。全省气候温暖，日照充足，雨水丰沛，江河纵横，林地广袤，海岸绵长。这种自然条件看起来相当优越，但是广东陆地素有"七山一水两分田"之称，这种地貌对农业社会来说不算好。古代中国的政治经济文化中心一直在中原，广东属于偏远地区，通往中原的交通受南岭山脉阻隔不便，沿海多台风和水灾，所以古代广东和中原相比尚属贫瘠。近代工业革命之后，广东成为通商口岸，财富集聚一度超过内地许多省份，但是鸦片战争后的100多年战火不断，无法脱贫致富。从新中国成立到改革开放前夕，广东一直处于海防前线，在战略上被当作一旦遭到入侵就让敌人打烂坛坛罐罐的地方，当时国家很少在这里建设重大项目。尽管如此，广东毕竟具有对外通商的便利条件，毗邻港澳，每年春秋两季广交会带来许多商机，当时广东经济在全国处于中上游。改革开放使广东蕴含的巨大潜力得以释放，经过全省人民的艰苦奋斗，经济总量不断做大，人民生活比全国早几年达到小康水平。未来广东走向共同富裕的有利条件很多，主要有以下几个方面。

（一）地区生产总值长期持续增长，工农业基础稳固

地区生产总值和国内生产总值的核算空间范围不同，时间、项目构成和核算方法基本相同，因而具有可比性，能够反映各地一定时期的财富产出数量。1978—2021年，广东地区生产总值按当年价格计算从185.85亿元增长到124369.67亿元，年均增长16.34%，比同期全国年均增长14.28%高出两个多百分点，占全国的比重从4.24%提高到10.87%[①]。图2-1反映了

[①] 根据《中国统计年鉴2021》《广东统计年鉴2021》及全国、广东2021年国民经济和社会发展统计公报有关数据计算。

2001—2021年广东、江苏、浙江三省地区生产总值增长情况。1988年广东地区生产总值少于江苏，1989年超过江苏后至今在全国省级核算单位中保持第一。2021年，全省地方一般公共预算收入14103.43亿元，比上年增长9.1%，其中税收收入10784.32亿元，占76.5%。①这种财力来自全省比较雄厚的税基，为促进经济社会发展和改善民生提供有力保障。

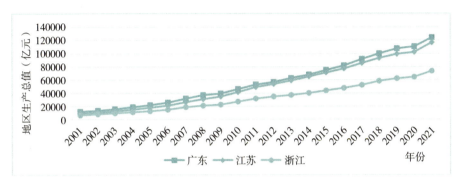

图2-1 2001—2021年广东、江苏、浙江地区生产总值增长

数据来源：根据广东、江苏、浙江三省2001—2021年国民经济核算数据制作。

1978—2021年，广东三次产业生产财富的数量和结构发生了很大变化：第一产业增加值从55.31亿元增加到5003.66亿元，占地区生产总值的比例从29.8%下降为4.0%；第二产业增加值从86.62亿元增加到50219.19亿元，占地区生产总值的比例从46.6%下降为40.4%；第三产业增加值从43.92亿元增加到69146.82亿元，占地区生产总值的比例从23.6%上升为55.6%。三次产业增加值绝对额均有大量增加，占比在不同年份上下波动，总的态势是第一、二产业占比有不同幅度下降，第三产业占比大幅度上升。这反映了广东财富源泉的结构变化。

北回归线贯穿广东中部，亚热带气候非常适宜农作物生长。虽然广东耕地仅为陆地两成左右，粮食等农产品占全国总产量的比例较小，但是水

---

① 《2021年广东省国民经济和社会发展统计公报》，广东省统计局2022年2月28日发布，广东统计信息网。本书广东2021年数据来源除单独注明出处之外，均与此注相同，不再另行加注。

产品、甘蔗、水果、肉类产量占有较大比例，2020年这四类产品分别占全国的13.38%、10.88%、6.4%、5.25%。海水和淡水养殖较为发达，香蕉、荔枝等南方水果畅销全国。当年广东第一产业增加值占全国第一产业增加值的6.13%，这个比例并不小，仅次于四川、山东和河南三个农业大省，表明广东第一产业发展规模在全国处于前列。

表2-1列出了广东部分工业产品产量及其占全国的比例。2020年广东第二产业增加值占全国第二产业增加值的11.30%，在全国各省区中排第二位，比江苏11.51%低0.21个百分点。广东能源和原材料工业占全国的比例不大，但是制造业产出占全国的比例较大，这是广东第二产业内部行业结构的一个特点。

表2-1 广东部分工业产品产量及其占全国的比例（2020年）

品种	广东	全国	广东占全国比例（%）
电风扇（万台）	20552.78	23630.83	86.97
彩色电视机（万台）	11233.36	19626.24	57.24
手机（万部）	61979.77	146961.78	42.17
家用空调机（万台）	6714.61	21035.25	31.92
摩托车（万辆）	659.37	2180.25	30.24
家用电冰箱（万台）	2305.76	9014.71	25.58
汽车（万辆）	313.31	2532.49	12.37
微型计算机（万台）	4621.58	37800.41	12.23
家用洗衣机（万台）	741.57	8041.87	9.22

资料来源：《广东统计年鉴2021》《中国统计年鉴2021》工业产品产量数据。

作为一个拥有1.27亿常住人口的经济大省，广东走向共同富裕必须有稳固的工农业基础。事实上，广东工农业基础比较扎实稳固，形成了巨大的财富源泉。不仅如此，广东服务业即第三产业总体上也比较发达。2020

年广东第三产业增加值占全国的11.29%，在各省区中处于第一位。下面有
选择地介绍分析广东交通运输和科教文卫等行业情况，说明广东第三产业
发展为走向共同富裕创造的有利条件。

（二）交通运输和邮电通信业较为发达

广东江河纵横提供了水运便利，但是也隔断了陆地交通。直到改革
开放初期，珠江三角洲各地公路和铁路交通都比较落后，只有屈指可数的
几座大桥，车辆和人员过江主要靠轮渡。省会广州市被珠江河网分割成几
块，穿过市区的主河道上只有两座桥，一般市民过江靠轮渡，其他市县交
通更为不便。

发财致富，修桥铺路，这句话在广东早已变为现实。从表2-2可以看
出过去20年广东交通运输发展速度和规模，其中公路桥梁在20年内建了
三万多座。目前全省99.7%的村通了公路，41.1%的乡镇有高速公路进出
口，其中珠三角和东西北地区有高速公路进出口的乡镇比例分别超过60%
和30%。[1]2020年广州、深圳、湛江、汕头四大海港货物吞吐量总计11.45
亿吨，占同年全国沿海港口货物吞吐总量94.8亿吨的12.08%。从各种运输
里程和客货运输总量来看，广东交通运输发达程度同一些发达国家差距很
小，珠江三角洲地区的交通运输设施和效率足以同发达国家媲美。

表2-2　2000—2020年广东交通运输部分指标

指标	2000	2010	2020
铁路营业里程（公里）	1942	2297	4871
公路通车里程（公里）	102606	190144	221873
内河通航里程（公里）	13696	13596	12252
民航航线里程（公里）	50.03	180.74	369.21
管道输油（气）里程（公里）	1535.57	6033.62	10136.9

---

① 广东省第三次全国农业普查主要数据公报（第三号），广东统计信息网。

续表

指标	2000	2010	2020
公路桥梁（座）	19668	42330	50036
民用汽车（万辆）	172.91	783.5	2500.92
民用运输飞机（架）	106	441	886

资料来源：《广东统计年鉴2021》交通运输数据。

在信息化时代，邮电通信业是否发达直接影响生财机会和效益。最近几十年来，广东邮电通信和交通运输一样发展很快。2020年，广东邮件数量为2.3亿件，占全国总数14.2亿件的16.20%；广东快递220.8亿件，占全国833.6亿件的26.49%；广东每千人拥有移动电话为1230.7部，全国为1203.6部。2019年每千人移动电话法国为1106.1部，德国为1330.8部，英国为1106.2部，日本为1414.1部，韩国为1344.9部，同年广东这项指标高于法国和英国水平，互联网和宽带普及率基本上和发达国家处于同一档次。

（三）科教文卫事业全面发展

一个地区的共同富裕不仅要有充裕的物质财富，而且要有丰富的精神文化生活，各种财富都离不开科教文卫事业的发展。广东科教文卫事业发展水平在全国处于前列，部分可比指标达到发达国家和地区的水平。2021年，广东专利授权量为87.22万件，居全国首位；技术合同成交金额为4292.73亿元，占全国37294亿元的11.51%。从每年一次的国家科学技术奖励情况来，广东高等级获奖成果不算多，但是从专利授权量来看，发明创新特别是实用技术研发成果还是比较突出的。表2-3列出了2020年广东各类学校的基本情况，当年广东每十万人口拥有大学、高中和初中文化程度的人数不同幅度多于全国，拥有小学文化程度的人数少于全国。

表2-3　广东各级各类学校基本情况（2020年）

	幼儿园	普通小学	普通中学	技工学校	中等职校	高等学校
学校（所）	20747	10600	4783	146	396	154
在校学生（万人）	480.18	1057.11	595.82	60.89	5.59	17.79
教职工（万人）	61.13	49.1	66.13	3.17	86.68	240.02

资料来源：《广东统计年鉴2021》表19-3。

　　广东文化事业在全国的地位没有经济指标那样突出，但是也处于正常发展状况。2020年广东公共图书馆有148个、博物馆有3254个，分别占全国总数的4.6%和5.9%；广东出版图书4.34亿册、杂志0.98亿册、报纸15.33亿份，分别占全国总数的4.1%、4.8%、5.3%；广播电视均达到全覆盖。这些数据反映广东生产的部分文化产品数量，不反映广东居民消费的文化产品。广东文化产品供给来自全国，本省也有部分文化产品销往外省市场，国内外文化交流活动比较频繁。从表2-4看，全省各地乡镇、村教育文化设施普及水平总体上发展比较均衡。

表2-4　珠三角与粤东西北乡镇、村文化设施普及率（%）

指标	全省	珠三角	粤东	粤西	粤北
有幼儿园、托儿所的乡镇	99.4	99.4	99.4	99.1	99.5
有小学的乡镇	98.5	96.9	100.0	98.1	99.3
有图书馆、文化站的乡镇	98.1	98.8	98.3	96.2	98.3
有剧场、影剧院的乡镇	22.8	36.6	22.1	19.9	13.9
有体育馆的乡镇	26.1	43.4	17.1	12.8	23.6
有公园及休闲健身广场的乡镇	86.5	92.0	85.6	75.8	88.0

数据来源：广东省第三次全国农业普查主要数据公报（第三号），广东统计信息网。

广东医疗卫生事业主要指标在全国的地位和文化事业相似，处于相对发达水平。2020年广东医院卫生院2875个，占全国总数的4.0%；执业医师30.73万人，占全国的7.5%；医院卫生院床位52.39万张，占全国总数的5.8%。在近年新冠肺炎疫情防控过程中，以钟南山院士为代表的广东医疗工作者做出了突出贡献，表现出很高的专业水平和良好的精神风貌。

（四）多种市场主体成长壮大，涌现出一批优秀企业

改革开放以来，我国经历了从传统计划经济体制到社会主义市场经济体制的转变，广东在这种转变过程中发挥了先行者和试验区的作用。广东目前已经建立起比较完整的社会主义市场经济体制，市场在资源配置中起决定作用，各级政府作用得到较好发挥。

在社会主义市场经济中，企业是主要物质财富和部分文化产品的创造者和生产者，包括国有企业、集体企业、私营企业、个体企业和"三资"企业，其中集体企业、私营企业和个体企业统称为民营企业。截至2021年底，全省有市场主体1384.9万户，58家民营企业入围"2020中国民营企业500强"，49家民营企业入围"2020中国制造业民营企业500强"，24家民营企业入围"2020中国服务业民营企业100强"。值得点赞的是，在广东涌现出华为、腾讯、比亚迪这样具有较强创新能力和巨量财富生产能力的优秀企业。华为在移动通信技术等领域达到世界领先水平，年销售额达到9000亿元左右；由腾讯开发的微信社交服务平台拥有数亿用户，每天超过1.2亿用户在朋友圈发表内容，3.6亿用户阅读公众号文章，4亿用户使用小程序，通过微信支付的商品交易活动不计其数，年营业收入数千亿元；比亚迪在新能源汽车领域实现弯道超车，蕴含很大发展潜力。随着广东经济进一步发展，将有更多企业做大做强做优，为全体人民致富源源不断创造财富。

广东对外开放水平高，也是走向共同富裕的一个有利条件。但是随着全国各地开放水平逐步提高，广东的开放优势没有以往那样突出。这方面情况将在第十章专门分析，此处从略。

（五）城乡居民收入不断增长，生活水平稳步提高

常言道，没有比较就没有鉴别。目前广东居民生活究竟达到什么水平，离共同富裕还有多大差距？这个问题需要通过一些指标的纵横比较加以分析说明。

世界银行按人均国内生产总值或人均国民总收入把各国分为高收入、中等收入和低收入等若干等级，不同年份的划分标准逐步提高。2019年按汇率折算的高收入国家人均国内生产总值是44540美元，中国为10262美元；按购买力平价折算高收入国家的人均国内生产总值是52322国际元，中国是16740国际元。[①]当年广东人均地区生产总值为86956元人民币，按当年汇率折算为12657美元，按当年购买力平价折算为20703国际元，都不到高收入国家的一半，这表明广东离总体富裕还有较大差距。当然，两种折算方法可能都有误差，不一定精准反映广东居民的实际收入和生活水平。第一章根据全国居民人均实物消费水平判断，我国人均国内生产总值按汇率法折算大约相当于高收入国家平均水平的1/4，按购买力平价折算大约相当于高收入国家的1/3，按三次产业产品和服务量计算人均财富拥有量大约相当于高收入国家的2/3。因为广东人均收入和消费支出高于全国平均水平，因此广东居民实际生活水平与高收入国家相比的差距应当小于全国差距，实际生活水平差距小于人均国内生产总值差距。

1978—2020年，广东城镇人均可支配收入从412.13元增长为50257元，2020年比全国平均水平43833元多6424元；农村人均可支配收入从193.25元增长为20143元，2020年比全国平均水平17131元多3012元。广东高收入人口比例不一定高于全国，但是高收入人数应当多于其他省份。

"吃在广东"，这是一些内地省份的人来广东之后说过的一句话，国内公认度比较高，粤菜餐馆几乎已经开遍世界。虽然珠三角地区和粤东西北地区人均收入差距较大，但是各地饮食特色鲜明，高低难分。如果有人设计一套指标，对世界各地饮食水平进行评价并排名，那么广东饮食消费

---

① 国家统计局：《国际统计年鉴2020》，中国统计出版社2021年版，第23、31页。

水平很可能排在世界前列。相比之下，广东居民的衣着和其他省份相比没有突出特点，好像从来没有人说"穿在广东"。尽管如此，广东服装生产和消费水平都相当高，各种纺织品畅销国内外。2020年广东城镇居民人均住房面积为37.35平方米，农村居民为48.92平方米，后者居住条件显著好于前者，在一定程度上抵消了城乡居民货币收入差距。如前所述，现在广东交通运输较为发达，城乡居民出行相当方便。表2-5反映了2020年广东城乡居民几种耐用消费品普及情况，表明广东居民用的东西也不差。与第一章表1-7全国的情况比较，可以看出广东城乡居民的彩电、冰箱和洗衣机三种消费品普及水平略低于全国，家用汽车、移动电话、电脑三种消费品的普及水平略高于全国。现在我国城乡居民各种家庭电器、移动电话的普及率不低于发达国家。

表2-5 广东城乡居民每百户拥有的几种耐用消费品数量（2020年）

品种	城镇	农村	品种	城镇	农村
彩色电视机（台）	108.23	115.93	家用汽车（辆）	48.88	27.69
电冰箱（台）	95.55	97.48	移动电话（台）	263.56	277.85
洗衣机（台）	94.33	90.32	电脑（台）	88.63	39.75

资料来源：《广东统计年鉴2021》《中国统计年鉴2021》人民生活数据。

综上所述，广东居民吃穿住行用总体上都是满满的小康水平，部分指标实际上不低于高收入国家。另外，2020年广东住户存款总额为87969.94亿元，按常住人口计算人均为69684.68元；按全省居民户数计算，户均33.55万元。[①]这不仅在全国是比较高的水平，而且也超过某些普遍举债消费、寅吃卯粮的发达国家的居民储蓄。

---

① 根据《广东统计年鉴2021》人口和住户存款数据计算。

二　广东走向共同富裕的不利条件

在社会工作和日常生活中，有些事情用低标准评价的结论是好，用高标准评价的结论是差。广东走向共同富裕的一些条件可以分别用不同标准、从不同视角来认识，做出有利和不利两种评价。共同富裕目标和要求很高，对相关条件应当用多种标准来全面认识和评价，其中不利条件主要有以下几个方面。

（一）区域和城乡发展不平衡，东西北地区和农村发展相对滞后

人们谈到广东区域之间、城乡之间差距问题时，在省内常拿珠三角和东西北地区比较，在省外常拿江苏、浙江等省和广东比较。这种比较有助于认识广东区域和城乡发展不平衡不充分问题。

2021年，珠三角核心区地区生产总值100585.25亿元，占全省的80.88%；东西北地区加起来为23784.42亿元，占全省的19.12%。珠三角和东西北地区的人均可支配收入相差2.2倍左右。见表2-6，2015—2020年珠三角和东西北地区收入倍差有所缩小，但是绝对额差距却有所扩大。因为东西北地区农村人口占有较大比重，不同区域的收入差距也反映出城乡收入差距。

表2-6　2015—2020年珠三角和东西北地区人均可支配收入比较

单位：元

年份 地区	2015	2016	2017	2018	2019	2020
珠三角	36662	40109.1	43840.1	47911	52213.7	54809.6
东翼	17274.7	18744.6	20166.7	21754.2	23483.6	24575.6
西翼	16895.9	18364.5	20016.4	21691	23550.9	25087.4
山区	16344.8	17967.6	19657.1	21288	23120.3	24504.7

资料来源：《广东统计年鉴2021》表10-5。

如果不用共同富裕标准来衡量，不和全国区域发展相对平衡的省份相比，那么广东区域发展不平衡也许不算什么大问题，毕竟粤东西北地区自改革开放以来也有很大发展，只是珠三角地区发展更快，所以不同区域之间的发展水平差距拉大。目前珠三角的富裕程度同高收入国家相比还有一定差距，东西北地区又以较大差距落在后面，这对广东走向共同富裕无疑是一种制约。

如果区域发展不平衡只是本省的问题，那也许不难解决，广东珠三角地区可以加大对东西北地区的援助。问题在于，全国东中西部经济发展不平衡的问题更加突出。粤东西北大部分地区的人均收入低于全国平均水平，但是广东总体上在全国被视为先富起来或较为发达的地区。粤东西北地区与国内中西部相比属于局部，珠三角地区不仅要承担与粤东西北地区的对口支援和帮扶任务，而且要以更大财力承担与新疆、西藏、四川等中西部地区的对口支援和帮扶工作，这样就分散了人财物等资源，对粤东西北地区的援助力度与实际需要相比有很大缺口，在一定程度上减慢了本省发展速度，制约了珠三角对东西北地区的帮扶工作。

用全省最高收入和最低收入等级的居民家庭相比，差距会更大。见图2-2，2017—2019年，广东高收入和中等收入群体加起来占全省人口大部分，但是低收入群体也占有一定比例。

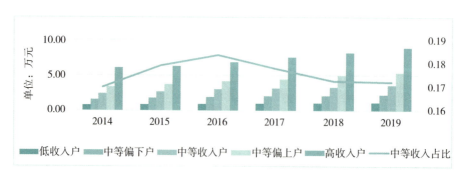

图2-2　2014—2019年广东各收入组

因为广东人均收入和世界高收入标准相比还有较大差距，本省高收入在世界上只能算中等收入。解决广东区域发展不平衡问题，是在走向共同富裕过程中必须迈过的一道坎。对此，本书第四章将专门分析和探讨，此处只是简要说明这个问题属于广东走向共同富裕的一个制约因素。

（二）巨量人口分别产生对财富的除数效应和对排放的乘数效应

广东经济总量和常住人口都在全国各省区中长期保持第一位。如果拿广东这两项指标同各国比较，二者的世界排位非常相近，都超过了大多数国家。现在广东常住人口和日本差不多，不同幅度多于德国、法国、英国、加拿大、澳大利亚等高收入国家。1978年广东总人口为5064.15万人，都是户籍人口（当时还没有户籍人口和常住人口之分）；2020年末广东常住人口为12624万人，户籍人口为9808.66万人，其中常住人口比1978年增加7559.85万人，翻了一番多；2021年末广东常住人口又增加了60万人，达到12684万人。

人口众多为广东带来充足的劳动力，形成巨大的市场需求可以拉动经济增长，同时通过对财富的除数效应和对排放的乘数效应制约经济社会发展。广东在地区生产总值长期保持全国第一的情况下，人均收入多年来一直排在上海、北京、天津、浙江、江苏之后。如前所述，广东人均收入和高收入国家相比还有很大差距，这主要不是因为广东经济总量小，而是因为总人口产生巨大除数效应。如果英国、法国、德国有广东这样多的人口，它们也进不了高收入国家行列。以往广东各地公共服务设施主要是根据户籍人口来规划建设的，现在要满足常住人口需要，存在较大缺口。

世界不同国家之间的收入水平和贫富差距很大，低收入国家的人口想方设法向高收入国家迁移和偷渡，但是各国设有国界边防和关卡，低收入国家人口不可能自由向高收入国家和富裕地区迁移，因而不可能通过人口迁移来缩小不同国家和地区之间的收入差距。与此不同，一个国家内部不同地区之间没有边防阻挡，人口可以自由流动。改革开放以来，随着广东经济发展和收入增长，内地人口不断涌入。2020年常住人口比户籍人口多2815.34万人，大部分属于从业人员，主要来自内地省份，加上户籍从内地迁入广东的人口，总数超过3000万人。广东为来自内地的流动人口提供了数千万就业岗位，这是广东对国家发展的重大贡献。

 问题对话

> 问：有些网友说广东富可敌国，是否符合实际？
>
> 答：2021年广东地区生产总值按当年汇率折算为1.96万亿美元，超过了世界上一些富国。有些网友据此说广东富可敌国，主要是对经济总量的国际比较而言。衡量一个地区是否富裕主要不是看经济总量，而是看多数人的实际生活水平和人均财富拥有量。广东人均地区生产总值用国际货币计量还不到高收入国家的一半，多数人的实际生活水平离现代富裕标准还有一定差距。说广东富可敌国有点夸张，不过从善意角度也可以理解为对广东发展成就的肯定。

总人口对碳排放和其他排放物产生乘数效应，广东人均排放生活污水和垃圾乘以人口总数，总排放量很大，对环境产生巨大压力。2020年广东生活垃圾清运量为3102.5万吨，占全国的13.2%。广州、深圳等城市每天分别产生数万吨垃圾，大部分焚烧，少部分直接填满，都未能彻底消除污染。同年全省城市污水排放量为83.07亿吨，处理量为81.3亿吨，虽然处理率达到了97.87%，但是仍有1.77亿吨污水未经处理而直接排放，经过处理后排放的水质也还远远达不到无污染程度。这样多的垃圾和污水排放显然与人口众多有关，极大增加了实现绿色发展的难度，不能不说是对广东走向共同富裕的一种制约。

人口问题涉及国家人口发展战略和政策，比较复杂，也相当敏感。希望广东在走向共同富裕的道路上能够统筹考虑人口资源环境问题，做出正确选择和合理安排，不要因为人口问题而拖延广东现代化和走向共同富裕的进程。

（三）经济发展质量有待提高，矿产资源和重大创新不足

同过去相比，广东经济发展质量是逐步提高的，但是同现代化和共同富裕的要求相比还有很大差距。例如，目前广东工业增加值率为25%，远远低于美国40%左右的工业增加值率。从每年授权的专利数量看，广东创新成果并不少。国内有些省份大小创新成果都不多，与它们相比，广东的创新能力是比较强的，这样用低标准来衡量，广东创新能力和成果似乎不成问题。然而，用共同富裕目标和要求的高标准来衡量，广东重大创新成果不多就成为问题。

以广东在本世纪中叶基本实现共同富裕为既定目标，如果要在未来不到30年内使人均收入接近高收入国家现在的水平，那么经济总量至少要在现有基础上翻一番，也就是年地区生产总值达到24万亿元左右，这样按现行汇率折算为美元才能达到人均4万美元左右。考虑到未来30年高收入国家的人均收入还会继续增加，广东增长幅度要更大一些，才能接近乃至达到高收入国家的水平。即使是在未来30年左右使地区生产总值翻一番也殊为不易，按现有技术水平依靠投资、消费和出口拉动是难以实现的，必须有重大创新成果支撑，全面提高经济发展质量。具体来说，就是要有类似于华为5G技术那样的重大科技创新成果，有类似于腾讯开发微信服务那样的重大实用创新成果，等等。只有这样，才能造就更多年产值千亿元、百亿元的企业，通过高质量发展实现全省经济总量翻番，创造出能够基本实现共同富裕的财富。

我国矿产资源总的人均拥有量只有世界人均水平的58%，其中人均石油可采储量为世界平均水平的11.1%，天然气为4.3%，铁矿为42%，铜矿为18%，铝土矿为7.3%，煤炭为55.4%。现在大宗矿产资源国内供给全面短缺，铁矿石的对外依存度超过60%，铜、铝、铅锌等矿产都需要大量进口。[①] 未来像目前这样通过大量消耗各种资源来发展加工制造业是难以持

---

① 郑志国：《走向高收入国家：前景与条件》，《华南师范大学学报》（社会科学版）2020年第2期。

续的，但是不能由此推断我国缺乏实现共同富裕的资源条件。实际上，日本等高收入国家资源并不丰富，人均国土资源和主要矿产资源低于我国人均水平，但是这些国家依靠科技发展先进生产力，建成了高收入国家；相反，南美洲一些国家资源相当丰富，但是由于科技落后等原因依然属于中低收入国家。我国大陆和海洋矿产资源已探明储量较大，特别是南海资源有很大潜力。其中有些矿产资源除了能够满足国内需要之外，还有部分可以用来同别国交换那些自给不足的矿产资源。金属和非金属矿产资源很大部分是用于公共基础设施建设，可以供人们共享；还有些经过加工制造成各种用品，供家庭和个人消费，可以通过回收废旧产品实现资源循环利用。因此，尽管矿产资源的人均拥有量不高，但是只要切实转变资源利用方式和消费方式，大力提高资源利用效率和循环利用水平，注意节约和保护资源，依然可以满足未来实现共同富裕的需要。

从以往发展速度来看，在未来15年左右使广东地区生产总值翻一番是可能的，以后到本世纪中叶再实现较大幅度的增长，社会各项事业得到进一步发展，那就可能达到当时世界的高收入水平。把这种可能变为现实的前提是广东必须尽快实现动力转换，切实做到以创新为发展的首要动力。未来实际创新发展情况如何毕竟是个未知数，把目前重大创新不足列为广东走向共同富裕的一个制约因素，意在说明重大创新对推动和实现共同富裕的决定性意义。但愿这种不足在未来不太长的时间内能够改观。

三　广东走向共同富裕的进程及其特点

党的十九大对我国到本世纪中叶的发展做出了两个阶段的战略安排，"十四五"规划和2035年远景目标对第一个阶段的任务和措施做出了具体部署，实际上已经描绘出我国未来30年发展蓝图和进程。广东作为全国的一个省，走向共同富裕的进程总体上和其他省区一致，各个阶段的具体行动步调和做法会有本省特点。

（一）广东走向共同富裕的目标、任务和阶段

广东"十四五"规划从经济发展、创新驱动、民生福祉、绿色生态、安全保障等方面提出了一系列指标，其中地区生产总值和居民人均可支配收入规划年均增长5%左右，这是比较可行的目标任务。本书后面各章将逐步从培植财源、区域协调和城乡融合发展、人才培养、三次分配、生态环境保护和国内外循环等方面探讨广东走向共同富裕的主要问题和措施，这里从地区生产总值和人均收入等方面分析广东走向共同富裕的进程。

2021年是"十四五"规划实施第一年，广东开局良好，地区生产总值比上年增长8%，达到12.44万亿元。如果今后四年能保持年均增长5%左右的速度，到2025年全省地区生产总值就将达到15.12万亿元，详见表2-7。从世界主要国家的经济增长情况看，随着一个国家和地区经济总量增长，基数越来越大，达到一定总量后的年均增长速度趋于下降；在总量较大基础上每增长一个百分点，实际增长额会超过总量较小时的增长额。全国和广东近年来的经济增长率有波动，呈现从过去的高速增长向中速增长的下行态势，未来还可能从中速向低速递减。假设2026—2035年广东地区生产总值年均增长4%，那么到2035年将达到22.38万亿元；假设2036—2050年年均增长3%，到2050年广东地区生产总值将达到34.87万亿元，是2021年的2.8倍。这期间年均实际增速提高或降低，最终实现的地区生产总值相应比表2-7的预测数增加或减少。

表2-7 2021—2050年广东地区生产总值增长预测

单位：万亿元

2021—2025		2026—2030		2031—3035		2036—2040		2041—2045		2046—2050	
年份	总值	年份	总值	年份	总值	年份	总值	年份	总值	年份	总值
2021	12.44	2026	15.73	2031	19.13	2036	23.05	2041	26.73	2046	30.98
2022	13.06	2027	16.35	2032	19.90	2037	23.75	2042	27.53	4047	31.91
2023	13.72	2028	17.01	2033	20.69	2038	24.46	2043	28.35	4048	32.87

续表

2021—2025		2026—2030		2031—3035		2036—2040		2041—2045		2046—2050	
年份	总值	年份	总值	年份	总值	年份	总值	年份	总值	年份	总值
2024	14.40	2029	17.69	2034	21.52	2039	25.19	2044	29.20	4049	33.86
2025	15.12	2030	18.40	2035	22.38	2040	25.95	2045	30.08	2050	34.87

未来一个时期我国总人口还会缓慢增长，可能在2025—2035年期间达到峰值，然后有所减少。假设全国和广东人口在未来30年保持基本稳定，按2050年广东人口为1.3亿人计算，届时全省人均地区生产总值可以达到26.82万元。随着我国经济总量不断增长，综合国力日益增强，长期内人民币实现国际化和升值的可能性很大。到本世纪中叶，广东人均地区生产总值按那时汇率折算可能达到5万美元左右；人民币升值幅度越大，按汇率折算后的经济总量和人均量就越大，但是汇率变化只影响名义收入，对国内消费者的实际生活没有直接影响。那时社会各项事业将得到更大发展，通过不断改进和完善三次分配，让全省人民共享经济社会发展成果，总体上将达到基本富裕水平。

基于上述分析预测，广东走向共同富裕进程可以分为大中小不同的发展阶段：从现在到2035年、从2036到2049或2050年为两个大阶段；每五年为一个中阶段，六个五年规划时期构成六个中阶段；每年为一个小阶段。上述预测的假设条件并不高，未来30年不同时期的年均增速按5%、4%、3%分阶段递减，经过努力应当是可以实现的。只要不发生战争和重大自然灾害，广东稳步发展，到本世纪中叶完全可以基本实现共同富裕。

（二）广东走向共同富裕的道路和进程特点

本书名为《走好共同富裕的广东路》，意思就是既要按照中央统一安排和部署全面建设社会主义现代化，逐步推进共同富裕，又要从本省实际出发，扬长补短，注重创新，稳中求进，为我国全面建设社会主义现代化国家做出新的更大贡献。"广东路"与兄弟省份走向共同富裕的道路相比有共性，也有以下几个特点。

1. **珠江三角洲将在全省共同富裕进程中长期发挥带动作用**。现在看来，珠三角地区的发展优势和潜力尚未充分释放，在未来发展中还可能形成新的优势；粤东西北地区未来发展潜力很大，地区生产总值和人均收入可以实现较大幅度增长，但是在未来较长时期内，广东物质文化财富的主要产出地还是在珠三角地区。全省要一如既往地帮助东西北地区发展，但是不能为了缩小区域发展差距而限制珠三角发展，不能把那些本来在珠三角地区建设和发展会产生更好效益的项目强行转移到东西北地区。要进一步增强全国一盘棋、全省一盘棋观念，真正按高质量发展要求来合理安排建设项目。评价区域是否协调均衡发展，要统筹考虑经济发展、生态环境保护和科教文卫事业。如果一个经济项目在珠三角地区建设比放到东西北地区能产生更好的效益，那就应当建在珠三角地区，宁可见效后把一部分收入转移支付给东西北地区，也不要把这个项目放在东西北地区而导致总收入减少。当然，一个地方的学校、文化单位和卫生事业单位主要为当地人民服务，不能像货币收入那样通过转移支付来调配，应该按人口的地区结构来建设发展。在走向共同富裕进程中，让珠三角长期发挥带动作用，东西北地区跟进发展，看来是广东走向共同富裕的必由之路。

2. **民营经济是广东创造财富的主力军**。多年来，广东地区生产总值中的一半以上是由民营企业创造的，这种状况在未来广东发展中可能会长期存在，成为广东走向共同富裕道路和进程的另一个特点。国内理论界曾对民营企业概念的内涵和外延长期争论不休，至今一些人的认识还有歧义。全国和各地所有制结构问题比较复杂，需要用大量数据和篇幅才能进行具体分析。本书有限的篇幅不允许深入讨论广东所有制结构问题，这里只是简要说明一点：民营企业的定性依据主要是经营主体和管理方式特征，而不是财产所有权特征；集体企业、私营企业和个体企业都属于民营企业，通常与国有企业、外资企业并称；因为民营企业包含公有制企业、非公有制企业和混合所有制企业，所以不能把民营企业笼统视为公有制企业或非公有制企业，不能因为广东地区生产总值大部分由民营企业创造，就认为广东公有制不占主体地位。例如，华为公司自我定性为民营企业，有十多万员工持股并分享公司利润，从财产所有权看不能说是私有制企业，实际上是一种新型公有制企业，至少可以说是混合所有制企业。在未来发展中，广东要毫不动摇发展民营经济，像华为这样的民营企业越多，广东财富增长和积累就越快。

问：有人认为，共同富裕是由国家推动的，政府搞"福利主义"，个人可以"躺平""等靠要"。如何看待这种认识和态度？

答：共同富裕既是由国家推动的，更是由广大人民群众推动的，不是搞"福利主义"。我国拥有14亿多人口，推动和实现共同富裕是史无前例的宏伟事业，需要全体人民共同长期奋斗。共同富裕等不来，也喊不来，必须是拼出来，干出来。任何"躺平"和"等靠要"的想法都是不对的，不仅无助于实现共同富裕，反而会延缓共同富裕进程。初次分配、再分配和第三次分配要协调配套，公平合理，既不能收入差距过大，也不能搞平均分配。最终分配结果要有利于促进共同富裕，激励人们勤奋创业，乐于奉献，而不能助长懒惰。

3. 三次分配协调配套，第三次分配将发挥较大作用。目前广东初次分配和再分配制度体系比较完整，第三次分配也有一定发展。在广东走向共同富裕进程中，市场力量对初次分配起主导作用，收入分配结果将有较大差距，因而需要通过再分配和第三次分配来调节；政府力量对再分配起主导作用，主要调节手段是所得税、财产税和社会保险费；道德力量对第三次分配起主导作用，主要方式是通过企业和个人捐赠、资助和慈善活动帮助落后地区和低收入群体。只有三次分配协调配套，才能兼顾效率与公平，促进共同富裕。广东有大批经营状况良好的企业，城乡居民中富裕家庭也不少，在以往第三次分配中做出了积极贡献，并且还有较大潜力，在未来将可能发挥越来越大的作用，成为广东走向共同富裕在分配领域的一个特点。"十三五"时期，广东不同区域之间和城乡居民之间收入差距有所缩小，目前平均高低收入倍差在2.2—2.5之间。在上述第一个大阶段，力促区域协调发展和城乡融合发展，再通过财政转移增加东西北地区收入，争取使不同区域和城乡居民收入在稳步增长的前提下，倍差缩小到2以下；在第二个大阶段进一步努力，使倍差缩小到1.5左右是可能的。那时居民之间的收入差异依然存在，但是倍差不大，可以保证全省人民在本世纪中叶基本实现共同富裕。

4. "双区"建设成为致富引擎。广东自近代以来就是我国比较开放的地区，最近几十年尤以高度开放为一种优势和经济特征，这个特征将在未来持续很长时期并注入新的内容和活力。更为突出的是，中央支持深圳建设中国特色社会主义先行示范区，做出了建设粤港澳大湾区的决策、规划和方案。"双区"建设是广东走向共同富裕的动力和引擎。只要粤港澳三地精诚合作，共同努力，完全可能在未来几十年内把粤港澳地区建成世界上最发达、最富裕的区域之一。

任何对未来发展状况的预测分析都难免有偏离实际的风险，上面对广东走向共同富裕进程及其特点的分析也不例外。但是这些分析预测是有充分根据的，在后面章节将进一步展开分析和论证。这些特点可以说是一种潜在优势，在未来发展中把这些优势充分发挥出来，将有利于广东在走向共同富裕的道路上稳步前进。

第三章
通过高质量发展培植充足财源

　　不论是全国，还是广东或其他任何省份，只有实现创新成为第一动力、协调成为内生特点、绿色成为普遍形态、开放成为必由之路、共享成为根本目的的高质量发展，才能在人口资源环境约束条件下创造出足够的财富，进而通过合理分配实现共同富裕。广东在走向共同富裕过程中，要大力推进生产力升级换代，向科技创新和数字经济发展要财富，从陆地和海洋培植新财源，全面坚持基本经济制度，让多种经济成分共创财富。只有把蛋糕做得足够大，才能通过分好蛋糕实现全省人民共同富裕。

一 高质量发展：生产力升级换代和财富开源增流

新时代高质量发展涉及生产力和生产关系、经济基础和上层建筑各个领域的深刻变革，下面从生产力升级换代的视角，探讨如何通过高质量发展来培植充足财源的问题。

（一）人类社会四代生产力和由此形成的财富源泉

一个国家或地区的各种财富除了自然资源来源于地球环境之外，各种物质文化产品都是通过发展生产力创造出来的。随着生产力发展和科学技术不断进步，各种财富不断扩源增流。从世界范围看，人类社会不同时代的生产力按多种特征差异可以分为四代：第一代是采集狩猎生产力，第二代是农业手工业生产力，第三代是机械电气化生产力，第四代是生态智能化生产力。[①]这四代生产力发展形成不同性质、规模和水平的财富源泉。

分代最初是对生物物种而言，如果把某个物种最早出现的活体称为第一代，那么由这一代繁育的下一代称为第二代，由第二代繁育的下一代称为第三代，依此类推。现代科学技术飞速发展，许多产品的生产技术每隔一段时间就有重大创新，产品功能随之全面提升。对某种系列或类别的产品及其生产技术来说，因重大创新而用新技术新产品取代旧技术旧产品的过程称为升级换代。例如，自20世纪70年代以来，世界上一些国家先后开发出五代移动通信技术，目前正从第四代4G向第五代5G升级换代，据说第六代技术正处于研发之中。人类社会生产力从简单到复杂、从低级到高级不断发展，在不同历史时期表现出巨大差异，由此构成对生产力分代的客观依据。

原始社会生产力属于第一代，依靠人力从事采集和狩猎等生产劳动，

---

① 郑志国：《世界生产力升级换代与中国现代化进路》，《江汉论坛》2021年第2期；郑志国：《人类社会发展规律研究》，人民出版社2021年版，第106—174页。

财富完全来源于自然产物，只能提供数量非常有限的食物等产品，满足最低生活需要。第一代生产力的劳动资料主要是棍棒、石器和弓箭，人力为主要动力；劳动者没有文化。在原始社会末开始产生第二代生产力，引起生产关系和社会形态变革。

奴隶社会和封建社会生产力属于第二代，依靠人力、畜力和部分化学能来发展农业和手工业，除了继续从自然索取财富之外，能够在逐步扩大的范围内通过生产劳动创造财富，以小生产方式提供食品、衣服、住房和一般用品，对人类生存的保障水平显著提高，但是同社会需要相比仍然不足。第二代生产力的劳动资料主要是手工制造的金属工具和木材工具，人力和畜力为主要动力；少数人有一定文化，多数劳动者仍为文盲。在封建社会末开始产生第三代生产力，引起生产关系和社会形态新的变革。

资本主义社会最初是在第二代生产力基础上萌芽，发达的资本主义社会基于第三代生产力，在认识自然的基础上全面改造和利用自然，依靠科学技术和人力、煤炭石油等化石能源以及部分核能来发展机器大工业、农业和服务业，以社会化生产方式大量消耗自然资源，开辟出日益扩大的财富源泉，提供各种社会产品，对人类生存和发展的保障能力全面增强，但是对生态环境的破坏也日益加剧。第三代生产力的劳动资料包括蒸汽机、汽轮机、内燃机、电动机和各种工作机，20世纪以来发明的部分先进技术也属于第三代；当这代生产力处于发达阶段时，劳动者普遍受过良好教育。在资本主义社会后期开始产生第四代生产力，将引起生产关系和社会形态更新的变革。

社会主义社会最初是在第三代生产力基础上产生的，发达的社会主义社会应当基于第四代生产力，在认识、改造、利用自然的同时注重保护自然，依靠科学技术和人力特别是智力、太阳能、风能、水能等清洁可再生能源和部分核能，以循环利用综合利用资源和清洁生产方式创造财富，提供各种社会产品。第四代生产力技术是20世纪中后期以来发明的现代科学技术和未来将会出现的更多新技术，特别是清洁生产技术。诸如电子计算机、激光、核能、空间技术和生物技术就其发明和应用时间来说具有跨代属性，既可以列入第三代，也可以列为第四代。判断这些技术是属于第三代还是第四代，主要看其应用的智能化和清洁化水平。当各种技术结合起来应用时达到清洁状态，不产生污染，并且实现高度智能化，就属于第四代技术，否则可以视为第三代技术。智能化和清洁化是第四代生产力的两个显著特征。因为第四代生产力正处于形成过程之中，具体特征有待进一步观察和研究。见表3-1。

表3-1 人类社会四代生产力的主要特征

分代	产业	获取财富方式	清洁水平
第一代	采集狩猎	手工劳动获取自然财富	清洁
第二代	种养殖农业、手工业、服务业	手工劳动获取和创造财富	轻污染
第三代	机器大工业、农业、服务业	机械化电气化创造财富	重污染
第四代	智能化产业和生态经济体系	智能化生态化创造财富	清洁

（二）第三次生产力升级换代对发展质量和财富源泉的影响

从古到今，世界上一些地区和国家先后发生了两次生产力升级换代：在古代从采集狩猎生产力升级为农业手工业生产力，在近代从农业手工业生产力升级为机械电气化生产力。20世纪后期以来，一些国家开始发展第四代生产力，正在发生第三次生产力升级换代。每次生产力升级换代不仅从数量上扩大财源，而且从质量上提高财源，开辟和培植出各种巨大的新财源。

智能化是第四代生产力区别于以往各代生产力的一个重要特征。在第三代生产力中，机器的广泛使用从体力上不同程度地代替了人，极大提高了工作效率，但是还没有从智力上大范围代替人。在第四代生产力中，电脑和各种智能设备的广泛使用，将在许多领域从智力上部分代替人。在农业生产中，部分农作物将实现室内智能化种植，室外田间作业则由机器人

53

代替，各种绿色产品质量更符合人类需要。在工业特别是制造业中，产业数字化和数字产业化将不断提高智能水平，许多行业的劳动资料、劳动对象正在发生质的变化，劳动者不再直接使用劳动资料作用于劳动对象，这些工作都将逐步交给自动控制设备；一些危险性较大、环境对人体有害的工作逐步由无人机来承担，一些可重复的生产程序和动作也将逐步交给机器人。在交通运输生产中，机器人、无人车、无人机将广泛使用，形成发达的智慧交通。未来智能化生产的产品将实现社会化和个性化的统一，能够收集消费者具有个性化的需求，按不同人的要求进行设计和生产，并按时把产品送给消费者。

生态化或生产清洁化是第四代生产力区别于以往各代生产力的另一个重要特征。第三次生产力升级换代要求从一次性单一性利用资源向循环利用综合利用资源转变，从主要依靠煤炭和石油等化石能源向全面开发利用可再生能源转变，从"金山银山"和"绿水青山"对立向二者统一转变。实现生产清洁化要求转变改造利用自然的方式，在生产力内部培养保护自然的物质力量。从现代科学技术发展状况看，人类社会已经基本具备了发展第四代生产力的技术条件，事实上一些发达国家已经开始发展第四代生产力，在局部取得了一定进展。

保护自然是对地球生态环境整体而言，具体包括修复已经造成的破坏、减少乃至消除新的破坏。考虑到生态环境已经遭到破坏，转变改造利用自然的方式需要较长的时间，目前还远远没有到位，当务之急是严格保护尚未受到破坏或污染比较轻微的那部分自然环境。现代和未来发展生产力，必须把认识、利用、改造和保护自然四方面能力统一起来。

（三）我国高质量发展：第三次生产力升级换代和财富开源增流

古代中国在第一次生产力升级换代中走在世界前列，创造了延绵数千年的古代文明，但是近代中国却在第二次生产力升级换代中滞后。当英国、法国、德国、美国和日本等国家完成第二次生产力升级换代、建立比较完整的第三代生产力之后，中国依然只有第二代生产力。在近代先后发生的两次鸦片战争、中法战争、中日甲午战争、八国联军侵华战争中，中国均以失败而告终，从生产力层次看是西方列强的第三代生产力打败了旧中国的第二代生产力。虽然中国在19世纪中后期曾发生过洋务运动，后来一些地方零星发展了近代工业，但是由于帝国主义的阻挠破坏、旧中国封建王朝的腐朽和军阀统治的无能，直到20世纪上半叶，中国一直未能完成第二次生产力升级换代的历史任务。

中国共产党成立后领导人民奋斗百年，在1921—1949年进行新民主主义革命取得胜利，建立了新中国；在1949—2021年进行社会主义革命和建设，逐步建立起完整的第三代生产力，从而全面建成小康社会。如果说我国在实现第一个百年目标过程中建成了完整的第三代生产力，那么在实现第二个百年目标过程中应当不断提高第三代生产力的先进程度，在此基础上大力发展第四代生产力，力争到本世纪中叶在发展第四代生产力中走在世界前列。只有这样，中国特色社会主义才能取得彻底胜利，在世界上立于不败之地，并对人类做出更大贡献。

广东作为我国经济比较发达的省份之一，目前已经建立起比较完整的第三代生产力，在某些方面开始发展第四代生产力。虽然广东经济中还有一些短板，但是从总体上看，在第三次生产力升级换代中同发达国家处于同一起跑线上，有条件加快发展第四代生产力的步伐。当然，生产力升级换代是一个长期过程，在最近和未来一个时期首先要提高第三代生产力的先进水平，同时在逐步扩大的领域发展第四代生产力，着力推动科技创新和数字经济发展，从陆地和海洋两个领域培植和扩大财源，让国有经济、民营经济和外资经济各显神通，充分发挥在培植财源中的作用。

二　向科技创新和数字经济发展要财富

一般来说，创新是指人们发现和创造新事物，最终增加社会财富，包括科技创新、理论创新、制度创新、管理创新等。科学家发现新物质运动形态和规律，工程师和其他劳动者发明新技术，企业家开发出符合消费者需要的新产品，政治家提出新的治国理政理念、战略和政策，都属于创新。从发展动力视角讲，创新主要是指科技创新，在现代和未来社会创造财富中发挥首要作用。随着云计算、物联网、大数据、人工智能和5G等新技术的兴起，数据资源日益成为关键的生产要素。产业数字化和数字产业化在推动经济发展质量变革、效率变革、动力变革中的作用日益凸显。广东在走向共同富裕的道路上，必须向科技创新和数字经济发展要财富，推动经济转入数字化发展轨道，让数字生财。

（一）向科技创新要财富

目前广东高新技术产业在全国各省区中处于前列。2021年，广东专利授权总量87.22万件，居全国首位，其中发明专利授权量10.29万件，比上年增长45.5%；全省高新技术企业超6万家，高新技术产品产值8.7万亿元，比上年增长10.5%；拥有国家重点实验室30个，国家工程技术研究中心23个，省实验室10个，省级工程技术研究中心6714家；国家认定企业技术中心82家，省级企业技术中心1434个。所有这些，为通过科技创新开辟和培植财源创造了良好条件。

向高新技术要财富，一是建好"广深港""广珠澳"科技创新走廊，推动形成大湾区创新资源集聚空间格局，以鹏城实验室、广州实验室为引领，建好一批重大科技基础设施，创建一批高水平创新研究机构，打造一支体现国家使命、具有大湾区特色的"科技王牌军"；二是聚焦经济主战场，进一步强化企业创新主体地位，持续推进高新技术企业树标提质，培育一批创新标杆企业；三是组织全社会力量围绕"卡脖子"问题开展研发攻关，发挥重点科研成果突破的引领作用，构建龙头骨干企业牵头、高校院所支撑、各创新主体相互协同的创新联合体，推动形成产业新技术"突围"，引导孵化育成体系高质量发展，建设一批大学科技园、专业化和特色科技企业孵化载体。

（二）向数字经济要财富

《中国数字经济发展白皮书2021》显示，2020年，我国数字经济蓬勃发展，规模达到39.2万亿元，占当年国内生产总值的38.6%。当年我国数字经济产出增长9.7%，大大高于国内生产总值增速。《粤港澳大湾区数字经济发展与就业报告（2020年）》显示，2019年，广东数字经济规模达4.9万亿，占地区生产总值的45.3%；数字经济中产业数字化规模3.2万亿元，数字产业化规模1.7万亿元；数字经济提供的就业岗位2462万个，占就业岗位总数的37%。①如果这些数据是符合实际的，那就表明数字经济发展已经形成巨大财源。在未来发展中进一步向数字经济要财富，应当从以下几个方面下功夫。

1. 发挥企业在数字化改造和生产力升级换代中的主体作用。以降本增效提质为目标，推动生产经营和管理服务数字化改造，提升企业运营管理水平。鼓励重点行业龙头企业打造数字化车间和智能工厂，布局数据中台，打通信息孤岛，挖掘数据价值，促进企业生产运营、企业管理、销售服务整体跃升，树立行业标杆。鼓励有条件的制造业企业应用先进数字化制造技术，提高精益制造、敏捷制造、协同制造、安全生产能力。积极运用大数据、云计算和人工智能等技术，发展智慧物流等新业态，进一步拓展发展空间。鼓励有条件的涉农企业发展智慧农业，在主产区建立荔枝、香蕉、柑橘等水果和一些南方蔬菜以及海鲜产品的产供销数据库，及时收集和采集这些产品的产供销信息并提供给生产销售商和网购站点，充分利用电商手段，疏通销售渠道。帮助农户更好利用数字手段和电商平台生财增收。

---

① 中国信息通信研究院广州分院2020年11月24日发布。

华为公司是由任正非先生创办的，长期致力于科技创新，在移动通信技术和云服务等领域达到世界领先水平，开发和培植出巨大财富源泉。2020年该公司销售收入8914亿元，其中来自中国市场5849亿元、欧洲中东非洲市场1808亿元、亚太地区（境外）市场644亿元、美洲市场396亿元，实现净利润646亿元。该公司是全球增速最快的主流云服务厂商，截至2020年底，公司上线220多个云服务和210多个解决方案，发展了19000多家合作伙伴和160万开发者，云市场上架应用4000多个。全球有700多个城市、253家世界500强企业选择华为作为数字化转型的合作伙伴，华为企业市场合作伙伴超过30000家。

　　　　　　——资料来源：《华为投资控股有限公司2020年年度报告》

　　2. 促进平台企业发展。加快发展工业互联网平台，完善平台功能，提高平台适配性、可靠性和安全性；不断优化平台服务，为中小制造企业提供设备健康维护、生产管理优化等更多菜单式、模块化产品，降低转型成本；不断探索新商业模式，通过资源共享、产融合作等手段，拓展平台盈利空间。鼓励数字化服务商为中小企业提供低投入、快部署的"轻量应用"和"微服务"，推动企业获客、销售、物流等业务数字化改造。

　　3. 推动企业上云用云。鼓励民营龙头制造企业依托互联网将业务流程与管理体系向上下游延伸，共享经验、知识等资源，提升整体发展水平。支持中小制造企业将业务系统向云端迁移，依托平台企业对接产业链资源，促进企业提升能力。鼓励中小制造企业从云端获取资源，应用平台功能开展研发设计、生产制造和运营管理等业务。鼓励企业探索应用基于互联网的个性化定制、众包设计、云制造等新型模式，提高协同发展水平。

　　4. 加强对数字经济发展的规划指导和人才培养。政府主管部门可以组织对公务员和企业管理人员以发展数字经济为主要内容的培训，将提升企业数字化改造能力作为重要内容纳入企业家培训工作体系，组织开展专题培训，在现有培训项目中增加数字化改造内容。注重发挥有关部门、专业服务机构、数字化服务商和智库专家的作用，创新培训方式和载体，灵活采用现场授课、现场教学等形式，提升培训的针对性和有效性。引导企业加强数字化人才队伍建设，优化数字技术人才、管理人才和复合型人才结构和梯队配置；注重员工认识提高和能力培养，提升员工数字素养，更好适应企业数字化改造需要。加强企业数字安全管理和风险防范，对商业秘密、核心数据、个人隐私等方面的数据严加保护，应用数字安全技术，提升企业网络安全防护水平。

（三）向人工智能要财富

随着机器学习领域的突破，人工智能迅速发展，开发应用周期缩短，在创造社会财富中发挥越来越大的作用。大力推动人工智能发展，有利于广东促进数字经济和实体经济深度融合，推动第三次生产力升级换代和社会财富快速增长。

目前广东人工智能产业存在一些不足：一是人工智能原创性理论研究基础薄弱，缺乏多学科、多行业、多领域深度融合和应用，深度学习技术缺乏表达因果关系的手段和进行逻辑推理的方法，更高层次的人工意识、情绪感知环节还没有明显突破，从"弱人工智能"到"强人工智能"还有相当长一段距离，尚未形成体系化、标准化发展格局。二是人工智能应用场景建设滞后，相关产品、技术、工艺、流程、服务缺乏规则和标准，各应用的接口不一，社会属性如情感、感知、主动决策等方面缺少科学的表征手段，数据挖掘、表征建模等缺少实用辅助工具等等，都迫切需要在建设开放共性平台、推动政府数据开放、鼓励行业和龙头企业主动介入、培育以数据交易为核心的社会化专业公司和孵化器等方面推动体制机制创新。三是人工智能人才呈现结构性短缺，相关学科建设起步较晚，未能形成系统性的课程培养体系，人工智能核心高端专业人才缺乏，尤其是前沿理论和关键共性技术等方面的领军型研究型人才不足，能同时提供产业应用核心技术和解决方案的研发团队较少。大力推动人工智能等产业的发展,向人工智能要财富,可以从多个方面做出更大努力。

1. 着力加强前沿与基础理论研究。集中优势资源和力量,深入推进类脑智能计算理论研究,引导优势研究力量加大研发投入,重点突破高能效、可重构类脑计算芯片技术,加强神经元芯片、类脑芯片等高端芯片自主研发,突破应用关键技术瓶颈,形成一批重大科技成果。加强支撑共性技术攻关,充分利用政务、医疗、制造等领域大数据信息,面向优势产业和通用应用场景,大力开展数据标签与标注标准化技术攻关,为机器理解、深度学习、人机交互等提供有效且高质量的数据支撑。

2. 构建开放协同的创新公共平台体系。着力打造若干人工智能开放创新平台,构建智能无人系统、人工智能开放创新平台等,依托国家超级计算广州中心、国家超级计算深圳中心,加快建设一批深度学习计算服务平台。

3. 推进行业公共服务平台建设。围绕人工智能产业发展需求,建设一批检验评测、人员培训、知识产权等方面的专业服务机构,搭建一批技术转移中心、检验检测中心、知识产权服务中心等人工智能专业技术服务平台。

4. 加快推动人工智能多领域多场景示范应用。大力发展智能机器人,推动人工智能、互联网、物联网等技术在机器人领域的深入应用,开发智能终端产品,发展智能手机、智能翻译机、车载智能终端等产品和设备。促进智能可穿戴设备创新,研发智能可穿戴设备,包括智能手表、智能手环、智能耳机、智能眼镜、智能服装等,提升用户体验。

5. 大力推进智能制造。建设智能生产线、智能工厂、无人工厂,推动智能感知、模式识别、智能控制、行为分析与事件识别等智能技术在智能装备领域的应用,提高数控机床、工业智能机器人、智能传感与控制、智能检测与装配等智能装备的实用性、安全性。提升智能制造在研发设计、生产运营、远程运维服务、供应链管理等方面的应用,优化企业智能化管理流程。

6. 推动人工智能产业集约集聚发展,培植基于智能产业的新财源。

建立人工智能产业园区，建设若干示范人工智能小镇，大力推进人工智能信息基础设施建设，形成智能经济、智能社会的基础设施体系。智能本身是一种财富，但是一般生产领域的智能还不能直接供人们消费。要让这些智能尽快转化为可供人们分享的财富，为推动共同富裕做出实实在在的贡献。

（四）向"专精特新"要财富

"专精特新"是对一些优秀中小企业而言，它们走专业化、精细化、特色化、新颖化发展道路，具有"小而肥""小巨人"特点。近年来，我省大力支持"专精特新"企业发展，2020年广东省认定822家专精特新中小企业，2021年新认定1459家。这些企业在稳增长、促改革、调结构、惠民生、防风险中发挥了重要作用。今后要对"专精特新"中小企业加强培育力度和政策支持，开展精准服务，助力"专精特新"企业高质量发展，引导更多中小企业走"专精特新"发展道路，让它们在促进经济高质量发展和培植财源中发挥更大作用。从各级政府和管理部门的视角看，向"专精特新"要财富应当从多个层面着力。

1. 积极支持"专精特新"企业开展技术研发，引导"专精特新"企业利用新一代信息技术推动制造生产环节向数字化、智能化转型。鼓励"专精特新"企业设立研发机构，加大研发和技术改造投资力度。引导高校、科研院所科技资源为"专精特新"企业提供产品研发、成果转化、人才培养等支持和服务。立足区域特色优势产业，组建"专精特新"企业技术中心、产业技术创新联盟，鼓励各地设立"专精特新"企业成果转化基金，支持"专精特新"企业开展工程化研究应用。

2. 推动"专精特新"企业加快打造自主品牌。实施"专精特新"企业商标品牌扶持计划，引导"专精特新"企业创建自主品牌，提高商标注册、运用、管理和保护能力。对"专精特新"企业争创驰名商标、著名商标，以及收购境外商标品牌等给予支持。创建"专精特新"企业品牌联盟，扩大"专精特新"企业群体的知名度。依法加强对国内"专精特

新"品牌的保护，抵制国外品牌对国内品牌的打压和围剿。引导"专精特新"企业建立知识产权管理体系和专业服务团队，开展专利申请、人才培训、标准制定、维权诉讼等服务，提高"专精特新"企业专利质量和创新水平。

3. 以市场需求为导向，培养企业自主创新能力。在广东未来产业链规划和布局中，协调发展大中小企业，实现行业上下游配套；引导"专精特新"企业加强纵横协作，构建"专精特新"企业协作共生网络。支持"专精特新"企业围绕大企业、大项目，采取专业分工、服务外包、订单生产等多种方式，建立内部市场，提高协作配套能力。推动"专精特新"企业在设计研发、生产制造、物资采购、市场营销、资金融通、品牌嫁接等方面开展深度合作。

4. 构建"专精特新"企业政策扶持体系，加强公共服务平台建设。围绕"专精特新"企业发展需求，研究制定阶段化税收减免、延期收缴、研发税费优惠政策等。设立省级"专精特新"企业发展基金，采取"资助+期权+激励"相结合的方式，撬动和引导社会资本支持"专精特新"企业发展。推动银行机构开展"专精特新"专项融资服务，提供低成本、中长期贷款。完善针对"专精特新"企业的信用担保体系建设，鼓励和引导担保机构为"专精特新"企业提供融资担保。不断拓宽融资渠道，推进"专精特新"企业债券和票据发行，探索股权融资、融资租赁和设备抵押贷款等融资模式。健全从"政策+资本+服务+平台"等方面为"专精特新"企业提供全方位高质量服务，建设"专精特新"企业园，推动各类要素向园区汇集，形成"专精特新"企业集群。

三　从陆地和海洋两个领域培植财源

作为沿海省份，广东培植财源有陆地和海洋两个领域。这两个领域的财源是紧密联系的，可以相互促进，共同做大。上一节和后面一些章节主要是讲扩大和培植陆地财源，本节重点分析探讨如何发展海洋经济、通过陆海结合培植财源的问题。

（一）广东海洋经济发展现状和潜力

2021年广东海域面积41.9万平方千米，是陆地国土面积的2.3倍。海洋滩涂面积18万公顷，大陆海岸线长4114.4千米，拥有丰富的海洋生物、矿产和能源资源。[①]见表3-2，2018年广东海洋原油产量1484.56万吨，海洋天然气产量1031041万立方米。南海已探明可采石油储量5.8亿吨、天然气6000亿立方米、天然气水合物（可燃冰）资源储量约15万亿立方米。沿海风电、潮汐能和波浪能具有一定规模。

表3-2 广东和部分省市海洋石油和天然气产量（2018年）

地区	广东	辽宁	河北	天津	山东	上海
原油（万吨）	1484.56	54.63	163.41	2738.49	328.2	37.65
天然气（万立方米）	1031041	1520	39108	308226	11421	147148

资料来源：《中国海洋经济统计年鉴2019》"主要海洋产业活动"数据。

截至2020年底，全省已批复风电用海项目22个、用海面积85.2平方千米，已核准海上风电总装机规模约1735万千瓦，海上风电项目完成投资约645亿元，新增海上风电投资额572.4亿元，在建装机总容量达808万千瓦〔数据来源：《广东海洋经济发展报告（2021）》〕，千亿级海上风电产业集群已现雏形。

海洋经济相对于陆地经济而言，是开发、利用和保护海洋的各类产业活动以及直接关联的经济活动的总和。表3-3反映了2018年广东和沿海部分省份的海洋经济发展情况。目前广东海洋经济已基本形成了行业门类较为齐全、优势产业较为突出的现代海洋产业体系。"湾+带"联动优势逐渐显现，珠三角与港澳在航运、船舶装备制造、邮轮旅游等领域合作不断加

---

① 数据来源：《广东统计年鉴2021》表7-16，广东统计信息网。

强；沿海经济带东西两翼的临海能源、临海现代工业、滨海旅游业等海洋产业集聚效应凸显，已成为我省海洋经济发展的新增长领域。

表3-3　广东和部分省份海洋经济指标比较（2018年）

地区	海洋生产总值（亿元）	海洋生产总值占沿海地区生产总值比重（%）	海洋产业增加值（亿元）	地区生产总值（亿元）
广东	19325.6	19.9	12947.7	97277.8
江苏	7554.7	8.2	4510.6	92595.4
浙江	7523.9	13.4	5001.9	56197.0
福建	10659.9	29.8	6329.6	35804.0
山东	15502.1	20.3	9398.7	76469.7

资料来源：《中国海洋经济统计年鉴2019》"海洋经济核算"数据。

（二）高质量发展海洋经济，培植海上财源

丰富多样的海洋资源是广东有待开发和培植的财源，在未来发展中要进一步提升海洋资源开发能力，建设大型海洋油气资源开发基地，加快建设国家海洋油气战略延续区，加强南海北部海洋石油基地开发。支持潮汐能、波浪能、海流能、海洋生物质能、海水制氢等示范工程建设，加快资源普查和实验性基地等建设。坚持高端引领、绿色发展、科技兴海、海洋开放，促进涉海创新链、产业链、供应链协同发展，增强广东海洋产业国际竞争力。

1. 全面发展海洋产业。继续勘探海上油气资源和各种矿藏，根据已探明油气资源储量，扩大海上石油和天然气开采；大规模开发深水海上风电项目，积极推进深海海上漂浮式风电场建设，建设海上风电和陆上抽水蓄能发电站配套结合的能源基地，同时建设海上高端风电装备制造基地，加快形成产值过千亿元的海上风电产业集群；实施海洋渔业基础能力提升工程，建设一批现代渔港经济区，优化发展海水养殖，高标准建设智慧渔

场、海洋牧场、深水网箱养殖基地；支持海洋渔业发展，改善海产品加工能力，积极建设"广东粮仓"；发展海岸观光、阳光沙滩、近海潜水和飞艇等海上旅游项目。

　　2021年12月25日，总装机容量170万千瓦的阳江沙扒海上风电场实现全容量并网发电，每年将为粤港澳大湾区提供约47亿千瓦时的清洁电能，满足约200万户家庭年用电量，每年可减排二氧化碳约400万吨，有助于广东实现"碳达峰、碳中和"目标，也为绿色高效利用海洋资源、发展海洋经济起到良好示范作用。

　　2. 坚持科技兴海，大力提升海洋科技创新能力。争取海洋领域国家重大科技基础设施落户广东，在深圳建设高水平海洋大学、国家深海科学研究中心和南方海洋科学城，在广州建设天然气水合物勘查开发国家工程研究中心、海洋科技创新中心，在珠海建设深海高端智能制造科技园。建设具有国际竞争力的海洋科技创新中心、国家海洋高技术产业基地和海洋科技人才聚集地。以南方海洋科学与工程广东省实验室为龙头，推动海洋科学实验室、产业示范基地等科技创新平台建设。加强海洋教育和科学研究，大力发展海洋职业教育，壮大应用型人才队伍。

　　3. 有效保护海洋环境。在发展海洋经济中必须贯彻落实绿色发展理念，提高海洋生态环境质量，保障海洋生态安全。构建覆盖近岸、近海和相关海域的生态环境监测体系，坚决防止海洋生态环境退化。加强广东通海江河各河段的污染治理，逐步实现江河清洁入海，消除沿海污染，让人民群众吃上绿色、安全的海产品，享受到碧海蓝天、洁净沙滩。

（三）发展临港经济，推进陆海财源一体化

　　临港经济是以港口及邻近区域为中心的经济，是港口开发、港口产业

等因素构成的有机体，它在广东经济发展中具有举足轻重的地位。

广东发展临港经济，培植陆海一体财源有一定优势和潜力：广东海岸线长，紧连南海，珠三角、汕头、湛江等地区临海资源丰富，地理位置优越，区域优势明显；广东具有较完整的临海工业基础，近年来随着产业结构调整，临港经济发展迅速；广东近海蕴藏丰富的矿物资源和生物资源，海水养殖较为发达，海岛星罗棋布，形成了一批具有南方海岸特色的旅游景点和临海美食城。

推动广东临港经济发展是实现高质量发展、培植财富的重要着力点：一是在沿海发展面向海洋的装备制造业，包括船舶建造及相关高端海洋电子装备，提升船舶电子设备和海洋工程装备电子设备研发制造水平；二是围绕海洋工程建设、海洋资源开发、深海勘探，在广州、深圳建设深海研究基地，加快发展海洋生态环境保护、海洋新材料制造等海洋相关新材料；三是通过建设汕头、湛江两大省域副中心带动东西两翼沿海经济带发展，发挥港口的纽带作用，做好内陆货物输出和境外货物输入的双向服务，坚持陆海协调发展，统筹港口、陆地和海洋互动，系统推进临港经济多产业协调发展；四是依托临港产业，利用现代科学信息技术，统筹海洋科技、海洋产业、海洋生态、海洋旅游、海洋服务，培植陆海结合的综合性财源。

四 全面坚持基本经济制度，让多种经济成分共创财富

如前所述，当今世界正在发生第三次生产力升级换代，这必然引起生产关系发生重大变革。党的十九届四中全会文件从所有制、分配制度、社会主义市场经济体制、科技创新体制机制和开放型经济体制五个方面阐述了我国基本经济制度的内容。这些内容不仅反映了我国现阶段生产关系的基本内容，而且总体上符合第四代生产力的发展要求。全面坚持基本经济

制度，促进生产力升级换代，让多种经济成分共创财富，对于在高质量发展中推进共同富裕具有十分重要的意义。

（一）全面坚持基本经济制度，调整和完善生产关系

高质量发展不仅需要科技支撑，而且需要制度保障。第三次生产力升级换代要求建立有利于正确认识自然、科学改造自然、合理利用自然、有效保护自然的新型生产关系。随着第四代生产力的发展，劳动者将逐步从物质资料生产中转移到科教文卫体等服务行业，从事更加富有创造性的工作，在科教文卫体等活动中结成的关系可能成为生产关系的主要内容。这必将引起经济结构、就业方式和分配的深刻变化。

党的十九届四中全会文件从五个方面讲坚持和完善社会主义基本经济制度：毫不动摇巩固和发展公有制经济，毫不动摇鼓励、支持、引导非公有制经济发展；坚持按劳分配为主体、多种分配方式并存；加快完善社会主义市场经济体制；完善科技创新体制机制；建设更高水平开放型经济新体制。[1]这五个方面内容构成非常完整的基本经济制度体系，可谓"五大支柱"。近年来，理论界对我国基本经济制度内容做了大量阐释，一些文章只讲所有制、分配制度和社会主义市场经济体制三方面内容，这是不全面的。在基本经济制度中增加科技创新和开放方面的内容有充分科学依据，也有重大现实意义。对第四代生产力来说，科技人员及其创新成果是最重要的构成要素，他们在科技活动中结成的关系是现代和未来生产关系必不可少的内容。核心技术产权关系的重要性已经超过一般物质资料产权关系。我国要注重科技创新制度建设，培育和完善这方面的新型生产关系。第四代生产力具有高度开放性，要求生产关系的开放性与之相适应，理应在基本经济制度中增加开放内容并通过具体制度加以细化。

广东注重全面坚持基本经济制度，结合本省实际从所有制、分配制度、市场经济体制、科技创新体制机制、开放新体制五个方面构建完整的

---

[1]　《中共中央关于坚持和完善中国特色社会主义制度　推进国家治理体系和治理能力现代化若干重大问题的决定》，新华网2019年11月5日。

经济制度体系，取得了显著成效。从市场主体结构看，目前广东多种经济成分大体分成三类：一是国有经济，包括国有独资和控股企业、国有事业单位；二是民营经济，包括集体经济、私营经济和个体经济；三是外资经济，包括外商投资企业和港澳台投资企业，按投资来源和方式分为独资、合资、合作企业（三资企业）。只有按照生产力发展要求调整和完善生产关系，让多种经济成分各显神通、各尽所能，才能培植充足财源，不断增加财富总量，从而为实现共同富裕创造必要条件。

（二）国有经济：按资源性、经营性、事业性资产分类开源增流

长期以来，人们对国有经济的认识主要限于或者偏重国有企业，这种认识不够全面。实际上，国有资产包括资源性资产（土地、矿藏、森林、湿地等）、经营性资产和事业性资产。国有资源性资产由国家通过政府分级管理，部分得到开发利用，还有许多资源有待开发，森林、水流等资源则需要加强保护；国有经营性资产通过市场配置到企业，组成国有独资和控股企业；国有事业性资产主要是由国家投资形成的，分布在科教文卫体等领域的事业单位，包括国有科研院所、大专院校、文化机构、医院、体育设施等。管好用好三类国有资产，对培植充足财源、推动和实现共同富裕至关重要。

目前存在政府该管的资源性资产和事业性资产没有充分管好、不该管的某些经营性资产又管得过多的问题。以往一些地方随意圈地，盲目改变土地用途，造成土地低效率利用乃至闲置和退化；有的强行征用农村集体土地，高价拍卖后所得收入用于当地楼堂馆所建设，未给失地农民应有补偿；一些地方的水资源未得到有效保护，不少矿产资源乱采滥挖，既浪费资源，又污染环境，这些问题与管理不到位有直接关系。目前由国资委管经营性资产，自然资源、环境保护、农业、水利、林业等部门分头管资源性资产，这种多部门分工管资产的体制是可行的，但是需要进一步明确权责关系，加强统筹协调。依法保护好矿产、森林、草原、湿地、水源、海

洋等资源性资产，既是保护财源，也是合理有效利用财源。

目前广东国有经营性资产总额有2万多亿元，主要分布在铁路、公路、水运、航空、电力、石化、基建、外贸等部门。2020年国有工业企业（含控股企业）产值21191亿元，增加值为4806.95亿元，占全省工业增加值的12.4%。[①]虽然这个比例不大，但是这些企业主要分布在能源、交通运输等关系国计民生的重要领域，对保证全省经济稳定运行发挥主导作用。为了让国有企业在创造社会财富中发挥更大作用，必须通过改革创新、强身健体，不断增强发展活力和核心竞争力。一是积极稳妥推进混合所有制改革，引导国有企业进一步转换经营机制，推动国有企业技术创新、体制机制创新、管理创新、商业模式创新，在创新中拓展发展空间；二是进一步推进省属国有企业布局优化、结构调整和战略性重组，压减过剩产能，处置低效无效资产，着力培养一批战略性新兴产业，打造一批国内外的知名品牌；三是完善灵活高效的市场化经营机制，建立职业经理人等制度，切实落实董事会职权，推进经理层任期制和契约化管理，深化企业内部各项制度改革；四是加强和完善国有经营性资产监管，推进国有资本投资，促进国有资产保值增值。

各类专业技术人员和管理人员掌握国有事业性资产，组建国有事业单位，形成发展科教文卫事业的主力军，在经济、政治、文化、社会和生态文明建设中发挥巨大的促进作用。按照现行国民经济核算指标和方法，科教文卫等领域的国有事业单位属于第三产业，不论是科研成果还是各级各类学校培养的人才，不论是新闻出版和文化产品还是医疗工作者防治疾病，都是创造和保护财富，并且在国民经济核算中统计增加值。按照科学技术是第一生产力、人才是第一资源的观点，科教文卫事业承担发展科学技术和培养、保护人力资源的任务，实际上是整个社会生产力的重要组成部分。当然，国有事业单位往往兼有公益性和商业性，不能笼统视为纯经济组织，但是多数事业单位毕竟兼有一定的经济职能，创造物质文化财

---

① 广东统计信息网：《广东统计年鉴2021》表12-1、12-15。本节有关多种经济成分产出的数据均来自广东统计信息网，不再另注出处。

富，特别是在创造精神文化财富和保护人们健康中发挥普通生产行业不可替代的重要作用，因此应当视为国民经济的重要组成部分。由于事业单位不能像企业那样盈利，私人投资相当有限，所以今后科教文卫领域的主体仍将保持公有制性质，这是公有制主体地位的重要支柱，也是未来发展的主要财源之一。

（三）民营经济：让集体企业、私营企业和个体企业依法全面生财

广东民营经济有多种形式，包括集体经济、私营经济和个体经济，其中集体经济分为合营和多种公司，私营经济分为私营独资、私营合伙、私营有限责任公司和股份有限公司。2020年，广东民营经济完成增加值60702.76亿元，占全省地区生产总值的54.8%。当前广东民营经济总体发展态势良好，但是受国际经济形势和新冠肺炎疫情影响，一些民营企业存在运行成本高、缴费负担重、融资难等困难。要想方设法帮助民营经济高质量发展，让各类民营企业依法全面生财。

1. 通过创新提高发展质量，在扩大已有财源的基础上不断开辟新财源。民营企业具有行业分布广、市场机制活、经营手段巧等特点，在未来发展中仍将是广东的主要经济成分。在构建新发展格局中，民营企业可以按各自优势和特点选准自己的定位，更加积极主动参与国内外循环，加入"一核一带一区"和粤港澳大湾区建设。各类商会可以和主管部门协商，牵头举办各类民营企业科技成果对接会等活动，建立健全粤港澳大湾区工商合作长效机制，搭建高峰论坛等多元化粤港澳工商界交流合作平台与政企对话沟通平台，鼓励和引导民营企业参加前海和横琴两个合作区建设。民营企业要加快数字化转型步伐，以降本增效提质为目标，在结合自身实际的基础上，利用数字技术有计划有步骤地优化提升企业经营管理水平。

1998年11月11日，马化腾等人在深圳市正式注册成立"深圳市腾讯计算机系统有限公司"。当时公司的业务是拓展无线网络寻呼系统，为寻呼台建立网上寻呼系统。经过20多年发展和不断开拓创新，现在该公司已成为一家以提供信息网络社交服务为主业而享誉国内外的巨型企业，主要服务内容包括：社交和通信服务QQ及微信/WeChat、社交网络平台QQ空间、腾讯游戏旗下QQ游戏平台、门户网站腾讯网、腾讯新闻客户端和网络视频服务腾讯视频等。由腾讯开发的微信社交服务平台拥有数亿用户，每天超过1.2亿用户在朋友圈发表内容，3.6亿用户阅读公众号文章，4亿用户使用小程序，通过微信支付的商品交易活动不计其数，估计每年的交易次数是个天文数字。2020年，该公司营业收入4820.64亿元，盈利1601.25亿元。

——资料来源：《腾讯控股有限公司2020年财务报告》

2. 完善法律政策支持体系，培育壮大市场主体。全面实施《中华人民共和国中小企业促进法》，提高财政支持的精准度和有效性，强化政府采购支持中小企业政策机制，落实有利于小微企业发展的税收政策和行政事业性收费清费降费政策。按国家规定有条件减免或缓缴中小企业的税费和部分社会保险费，探索企业缴纳社会保险费与经济效益挂钩办法。建立健全横向集聚政府公共服务、市场化服务、社会化公益服务各类服务资源，纵向贯穿省、市、县、镇（乡）四级网络化、智慧化、生态化服务体系。营造公平竞争环境，加大反垄断监管力度，防止资本无序扩张和野蛮生长。优化公平竞争政策顶层设计，为中小企业发展营造公平有序的竞争环境，提高融资可得性。综合运用货币、财政等政策工具及差异化监管措施，引导金融机构加大对小微企业信贷支持力度，促进形成敢贷、愿贷、能贷、会贷的长效机制。

3. 支持各种新型集体经济发展，引导和规范私营企业的公司化改造。

随着城乡经济不断发展，出现了一些由个人创业带动组织起来的劳动者合作社，基本上属于新型集体经济形式，有利于劳动群众走向共同富裕。一些私营企业大体经过两代人的发展，为了适应生产社会化和国际化，逐步从私人独资发展到合资再到股份公司，形成了兼有公私因素的混合所有制，总体发展趋势是公有因素生长，私有因素消减。还有一些民营企业实行员工广泛参股，建立了共享公司利润的激励机制。不论哪种具体形式，只要依法经营，能够增加就业和创造财富，就有利于发展生产力和实现共同富裕，应当得到支持和鼓励。

4. 大力弘扬新时代企业家精神，全面发挥民营企业家的聪明才智，维护民营企业的合法权益。一是营造重视民营企业家的浓厚氛围。表彰一批有突出贡献的优秀企业家，通过电视台、网络等媒体大力宣传优秀企业家的先进事迹，弘扬企业家的创业精神。二是完善领导干部与企业挂钩联系制度。有关部门领导干部多到所联系的商协会、企业走访调研，帮助解决实际问题。加强涉企政府部门与企业开展面对面交流，推动健全民营经济人士参与涉企政策制定机制，搭建企业家参与涉企政策制定、参加经济工作会议、参政议政等平台，健全各级党委和政府征求民营经济人士意见制度。做好民营经济代表人士调研，聚焦民营企业发展中的重点热点难点痛点堵点，及时了解民营企业发展中的困难，帮助企业排忧解难。三是完善民营企业权益保护机制，创新"法治体检""法律三进"和企业合规管理方式，进一步优化完善企业诉求受理、督办、反馈、回访等全流程，形成闭合环路，维护企业的合法权益。

（四）外资经济：大力提高利用外资质量和效益

改革开放以来，广东外资经济逐步发展壮大，在推动全省经济社会发展中发挥越来越大的作用。1979—2020年，广东累计实际使用外商直接投资4252.39亿美元，占全国同类外资的18.35%。2020年末，全省注册的外商投资企业有175378户，注册资本9853.35亿美元，其中外资7556.88亿美元。外商在粤投资涉及石油化工、机械制造、信息技术、生物医药、新材料、新能源装备和日用品制造等多个领域，成为中国乃至全球产业链、供应链的重要组成部分。外资经济发展不仅促进了广东经济增长，成为一种财源，而且带来了一些先进技术、设备、管理经验和创新模式。

广东外资经济发展中也存在一些问题，利用外资质量和效益有待提高。有些"三资"企业技术并不先进，规模比较小，污染比较重，长期从事来料加工、贴牌生产，处于国际产业链的中低端；有些外资企业的收入分割过于向外商倾斜，存在国际资本挤压中方收入的问题；有些地方引进外资竞争过度，出现鹬蚌相争、渔翁得利的现象。虽然外资企业创造的增加值全部计入广东地区生产总值，但是这些增加值按一定比例在中外利益主体之间进行分割，外商最终从计入广东地区生产总值的增加值中分走了很大部分。这方面的问题在本书第六章探讨初次分配问题时进一步加以分析。

在广东全面建设社会主义现代化过程中，要更加积极合理有效利用外资，让外资经济在培植财源和推动共同富裕中发挥新的更大作用。第一，坚持开放发展理念，加快构建国内国际双循环格局。全国经济以国内循环为主、国际循环为辅，但是广东经济开放程度较高，参与国际循环的范围更广、水平更高，外资经济总体上应当以参与国际循环为主、国内循环为辅。第二，充分利用广东进出口便捷和内地市场广阔的优势，吸引技术水平高、规模大的外资项目到广东落户，引导外资企业优化产业结构，提高经济效益。第三，依法加强对外资经济的宏观管理，既要维护外商的合法权益，让外商获得正常利益，也要保证中方投资利益和劳动工资水平，中方投入的各种生产要素要获得正常回报。第四，充分利用粤港澳大湾区建设提供的机遇，发挥深圳和珠海特区在吸引外资中的优势，实行各种必要政策鼓励和引导外资投向粤东西北地区，促进全省区域协调发展。

第四章

力促区域协调和城乡融合发展

　　粤北山区有的群众说："我们是富人家的穷孩子。"他们把广东省比作富人家，把高收入和低收入居民分别比作富人家的富孩子和穷孩子。这种比方未必贴切，但是反映了广东不同区域和城乡之间发展不平衡、收入差距较大的问题。同珠三角地区相比，粤东西北地区特别是山区经济发展明显滞后；珠三角核心地区的城乡已经基本实现融合发展，外围市县和东西北地区的城乡差距却比较大。以往广东为加快东西北地区和乡村发展做出了很大努力，取得了明显成效；未来要实现区域协调发展和城乡融合发展，让"穷孩子"成为"富孩子"，还需要长期奋斗，做出更大努力。

一　区域协调和城乡融合是广东走向共同富裕的两道坎

如果说广东走向共同富裕的道路上有一些坎坷，那么区域协调和城乡融合问题是必须迈过的两道坎，也可以说是有待进一步破解的两道难题。

（一）广东区域发展不平衡问题

各市面积、人口和发展条件差异很大，不能简单把地区生产总值差额等同于区域发展不平衡程度，但是各区域人均地区生产总值倍差是反映区域发展是否平衡的可比指标。2020年，珠三角地区人均地区生产总值为11.55万元，是东翼的2.6倍、西翼的2.3倍、北部山区的2.8倍。深圳人均地区生产总值为15.93万元，揭阳、河源、梅州三市低于4万元，其中梅州为3万多元。珠三角共有5个市的人均地区生产总值高于全国平均水平，惠州、肇庆、中山、江门和东西北地区共16个市的人均地区生产总值低于全国平均水平。

重要论断

> 协调是发展平衡和不平衡的统一，由平衡到不平衡再到新的平衡是事物发展的基本规律。平衡是相对的，不平衡是绝对的。强调协调发展不是搞平均主义，而是更注重发展机会公平、更注重资源配置均衡。
>
> ——《习近平谈治国理政》第二卷，外文出版社2017年版，第206页。

从人均可支配收入看，珠三角地区是粤东西北地区的2.2倍左右，低于人均地区生产总值倍差。珠三角地区的一些市是常住人口多于户籍人口，粤东西北地区一些市是户籍人口多于常住人口。这是因为，东西北地区有上千万人口到珠三角就业做工，其中很大部分是所谓农民工，他们的户籍依然留在原地。这些劳动者所得收入除了在就业地点消费之外，还有一部分带给或汇给户籍地的直系亲属，包括配偶、子女和父母。来自珠三角地区的部分税收通过省财政转移到东西北地区。因此，珠三角和粤东西北地区人均可支配收入倍差小于人均地区生产总值倍差。

"无农不稳，无工不富，无商不活。"广东自改革开放以来流行的这句话反映了三次产业协调发展的重要性。目前珠三角和粤东西北地区的三次产业比例大小都具有"三二一"特征，但是粤东西北地区第二、三产业增加值加起来只有珠三角地区的五分之一左右，这表明粤东西北地区工业和服务业欠发达。有些地区交通运输设施还不够完善，科技教育文化卫生事业相对落后。广东科技研发、高等教育和文化卫生资源主要集中在珠三角核心地区，同粤东西北地区的差距比地区生产总值的差距更大。

珠三角地区也有短板，其中之一就是生态环境质量总体上不如粤东西北地区。广东森林覆盖率在全国各省区中处于前列，主要是粤东西北地区的贡献。如果说珠三角是广东经济物品的主产区，那么粤东西北地区就是生态产品的主产区。这种差异一方面是自然条件差异造成的，另一方面也是不同地区经济发展对生态环境的破坏程度不同，粤东西北地区为保护生态环境做了大量工作，牺牲了一定的经济利益。

同江苏、浙江等省相比，广东区域发展不平衡问题较为突出。2021年，广东、江苏、浙江地区生产总值分别为12.4万亿元、11.64万亿元、7.35万亿元，其中广东和江苏是全国两个地区生产总值超过10万亿元的省份。见表4-1，2020年广东人口比江苏多出4147万人，几乎是浙江人口的2倍，因而广东人均地区生产总值比江苏少3万多元，比浙江少1万多元，这是非常大的差距。

表4-1　2020年广东、江苏、浙江三省部分指标比较

省份	地级区划数（个）	年末人口（万人）	地区生产总值（亿元）	人均地区生产总值（元）
广东	21	12624	110760.94	87738.39
江苏	13	8477	102718.98	121173.74
浙江	11	6468	64613.34	99896.94

资料来源：《中国统计年鉴2021》相关数据。

浙江县域经济占全省的"半壁江山"，相对比较均衡。相比之下，广东各地县域经济差距较大。2020年，在广东122个县（市、区）中，10个县的地区生产总值不足100亿元，95个县（市、区）的人均地区生产总值低于全省平均水平，87个县（市、区）的人均地区生产总值低于全国平均水平。排名前十位的县（市、区）集中在深圳（南山区、龙岗区、福田区、宝安区、龙华区）、广州（天河区、黄埔区、越秀区）、佛山（顺德区、南海区）；在后十位的县（市、区）中，梅州占4席，河源占3席。深圳市南山区人均地区生产总值为367233元，高出梅州市五华县人均地区生产总值17601元将近20倍。

广东国土面积大于浙江，两省都具有"七山一水二分田"的特征。虽然浙江的地区生产总值小于广东，但是人口大约只有广东的一半，因而人均地区生产总值高于广东。更重要的是，浙江省城乡居民收入倍差为1.96，明显低于广东的2.5左右（见表4-2）。有人说浙江各地像"一群狼在飞奔竞跑"，广东各地则像"2只虎（广州、深圳）2匹狼（佛山、东莞）带领着一群小绵羊在跑步"。不论这种比喻是否贴切，广东区域发展不平衡问题是显而易见的，浙江和江苏在促进区域协调和城乡融合发展方面的经验值得广东学习借鉴。

（二）广东城乡差距问题

我国城乡差距是在长期发展历史中形成的，新中国成立后的一个时期

曾有所缩小，但是改革开放40多年由于城市发展步伐明显快于乡村，因而许多地区城乡差距又明显扩大。广东城乡差距在全国各省区中比较突出，可以说是全国城乡差距的一种缩影和典型代表。见表4-2，2021年同2015年相比，广东城乡居民收入倍差缩小了，但是差额却扩大了。

表4-2　2015—2021年广东城乡居民家庭人均可支配收入比较

年份	2015	2016	2017	2018	2019	2021
城镇（元）	34757.16	37684.25	40975.14	44340.97	48117.55	54854
农村（元）	13360.44	14512.15	15779.74	17167.74	18818.42	22306
倍差（倍）	2.60	2.60	2.60	2.58	2.56	2.46
差额（元）	21396.72	23172.1	25195.4	27173.23	29299.13	32548

资料来源：《广东统计年鉴2021》《2021年广东省国民经济和社会发展统计公报》"人民生活"数据。

从全省总体情况来看，农村居民收入明显少于城镇居民；局部地区也有不少城镇居民收入少于农村居民，这在珠三角城乡比较常见。早年退休的一些城镇居民养老金低于当地农村居民，属于城镇低收入阶层。从本书第二章分析广东城乡居民生活水平的一些数据看，农村居民人均住房面积比城镇多11.57平方米。考虑到农村家庭户均人口多于城镇家庭，农民家庭住房总面积大大超过城镇家庭，许多农民家庭住上了别墅式的多层楼房。如果按城市房价对农民住房多于城镇居民的那部分面积估价，可能是不小的数额。虽然目前城镇居民总体生活水平高于农村居民，但是二者实际生活水平差距没有货币收入差距那样大。

广东城乡差距不仅表现为人均收入和生活水平差距，而且存在于教育文化和医疗养老等方面。一些地区农村居民子女上学难、看病难问题比较突出。不少乡村主要劳动力外出做工，年幼子女留在当地由老人看护，很难像城市儿童那样进行学前教育。乡村小规模学校被民间称为"麻雀学校"，办学条件差，师资水平不高，成为基础教育发展的短板。2011年以来，广东实施了三期学前教育行动计划，普惠性学前教育资源逐步扩大，但是城乡学前教育、义务教育依然存在较大差距，城乡青年接受高等教育的机会远不均等。

见表4–3，深圳每10万人口中具有大学学历的人口数量是揭阳的6.5倍，揭阳每10万人口中具有小学学历的人口数量是深圳的2.6倍。珠三角其他市和东西北地区人口文化程度差距介于深圳和揭阳之间。因为低学历人口主要分布在农村，所以不同地区人口文化程度差距实际上是城乡差距的一种表现。

表4–3　2020年广东部分地区每10万人口中的小学和大学学历人口数

单位：人

地区	广州	深圳	揭阳	云浮
小学文化	13777	11512	30493	26598
大学文化	27277	28849	4418	6971

资料来源：《广东统计年鉴2021》表3–13。

（三）促进广东区域协调和城乡融合发展的方向目标

广东区域之间、城乡之间发展不平衡有多方面原因。改革开放以来，珠三角地区城镇经济长期高速发展，东西北地区和农村发展步伐相对缓慢，所以不同区域之间和城乡之间的差距扩大了。事实上，粤东西北地区各市和农村经济同过去相比也有较大发展。省、市、县为促进区域协调发展采取了很多措施：省委、省政府在产业转移、科技、教育、人才和金融等方面对粤东西北地区实行了不少优惠政策，按照中央统一部署实施了以工哺农、以城带乡等措施，省财政每年都对粤东西北地区和农村给予一定数量的转移支付；珠三角各市和粤东西北地区实行对口支援和帮扶，在粤东西北地区建立了大批产业园，成功引进了一批工业项目。正因为如此，

珠三角和粤东西北地区之间、城乡之间的人均收入倍差才能保持基本稳定，没有明显扩大。

目前和未来一个时期，珠三角经济发展相对于粤东西北地区来说依然具有较大的虹吸效应，现有产业优势将继续发挥，企业投资建设的第二、三产业经营性新项目大多仍会优先考虑在珠三角落户。粤东西北地区支柱产业依然较弱，一些地区争投资、争项目，内卷现象比较突出，在产业配套、资源流动、市场衔接等方面依然不够协调。解决这种发展中的不平衡问题，努力方向不是要求各市的经济总量做到一样大，更不是把农村建成城市模样，而是让珠三角更好带动粤东西北地区，加强各地之间的合作，实现区域协调和城乡融合发展。在珠三角地区不断提高发展质量，做大经济总量，同时加快粤东西北地区发展，逐步缩小地区之间、城乡之间、居民之间的人均收入差距。

问：我国宣布全面建成小康社会之后，城乡有些居民生活还存在不少困难，他们怀疑是否真的全面建成了小康社会。如何帮助他们释疑解惑？

答：判断我国全面建成小康社会主要看三个层面的发展成果：一是经济政治文化社会和生态文明建设等各方面都达到预期目标；二是各个地区和城乡发展都达到预期目标；三是全国绝大多数家庭和成员的生活都达到小康水平，消除了绝对贫困。这不等于所有人不存在任何生活困难。有些居民的确还存在不少困难，甚至可能返贫，相对贫困问题比较突出。这些问题将在全面建设社会主义现代化国家新征程中逐步加以解决。对目前生活有困难的群众要设法帮扶，当他们生活中的困难解决后，才可能打消思想困惑。

"十三五"时期广东城乡居民收入差距有所缩小。在未来15年左右，大力促进区域协调发展和城乡融合发展，再加上财政转移支付，有可能使不同区域和城乡居民收入在稳步增长的前提下，差距缩小到2倍以下；以后15年再经过进一步努力，使地区之间、城乡之间收入差距缩小到1.5倍左右乃至更小是可能的。只有这样，才能使全省人民在本世纪中叶基本实现共同富裕。

三 力争珠三角和粤东西北地区携手共进、比翼齐飞

近年来，广东"十四五"规划和2035年远景目标以及一系列专项规划陆续出台，对推动区域协调发展和城乡融合发展做出了周密可行的部署。按照这些规划，未来一个时期必须加快构建"一核一带一区"发展格局，完善各地基础设施建设，在区域之间开展全方位合作，力争珠三角和粤东西北地区携手共进、比翼齐飞。

（一）加快构建"一核一带一区"发展格局

"一核"是指珠三角九市构成广东发展的核心区。珠三角地区与香港、澳门直接相连，既是推动大湾区经济协同发展的重要支点，也是实现全省各地协调发展的核心区。深圳和广州是全国公认的排在北京、上海之后的一线城市，分别以各自的特长和优势发挥对周边城市乃至全省的驱动和辐射作用；深圳与香港山水相连，经济合作日趋紧密；珠海是珠江口西岸核心城市，也是连接内地与澳门的窗口和纽带，因横琴新区开发而展现出广阔的发展前景；在珠海、中山、江门等地规划建设高端产业集聚发展区应当落到实处，做强先进装备制造和电器产品制造等主导产业；佛山、东莞正在实现能级跃升，有条件加快建设现代化都市；惠州和肇庆分别位于珠三角的东西两端，把珠三角和东翼、西翼连接起来，具有各自的经济发展潜力和生态优势。要稳步推进珠三角各市产业、交通、营商条件、社

会治理、生态环境、基本公共服务等深度融合，加强珠江口东西两岸互动发展，促进人财物等资源合理流动和优化配置。以深圳前海、广州南沙、珠海横琴等新区建设为依托，探索粤港澳协作发展的新模式。东西两翼地区和北部生态发展区也要积极参与大湾区建设，以大湾区建设带动各区域协调发展。

"一带"是指广东沿海经济带。粤东粤西沿海地区地理条件优越，拥有不少优良港湾，陆地平原较多，有较大发展空间和潜力，可望成为广东未来发展的新增长极，与珠三角城市串珠成链，在连绵上千公里的沿海地域培育一批千亿元级产业集群，打造世界级沿海产业带。按照广东"十四五"规划，加快汕头、湛江省域副中心城市建设。其中汕头是广东连接福建的通道，湛江则是广东连接海南和广西的通道，不仅要分别在本省东西两翼发挥引领驱动作用，建成区域性创新中心、教育中心、医疗中心、商贸服务中心，而且要在省际合作和商贸跨省流通中更好发挥交通枢纽和中转作用。争取把汕头、湛江建成全国性综合交通枢纽，逐步形成沿海高快速铁路"双通道"，强化东西两翼地区空港、海港、陆路枢纽功能集成，拓展东西两翼地区经济发展腹地。建设好湛江、茂名石化基地和阳江新能源基地，支撑全省尽快实现能源从以石油煤炭为主向以风电水电太阳能和核电为主的清洁能源转型升级。

"一区"是指北部生态发展区。虽然目前北部山区经济发展相对滞后，但是生态环境质量却好于珠三角和东西两翼。建设好北部生态发展区，对广东护好绿水青山、做大金山银山至关重要。在未来发展中要进一步优化生态功能区城镇布局，改进公共服务，引导人口有序向市区、县城、中心镇集聚发展，保持适度规模，提高城镇对人口经济的承载能力。实行"面上保护、点上开发"原则，推进产业生态化和生态产业化。韶关、河源、梅州、清远、云浮等地可依托高新技术产业开发区等平台，培育壮大主导产业，因地制宜发展农产品加工、生物医药、清洁能源等绿色产业。积极发展生态旅游，提升南岭、丹霞山、万绿湖等旅游品牌影响力，开发建设红色文化、南粤古驿道、少数民族特色村寨等精品线路，着力打造粤北生态旅游圈。

（二）完善珠三角和粤东西北地区的基础设施

建立完善的现代化基础设施体系是推动区域协调和高质量发展的必然要求。诸如高铁网、高速公路网、机场、港口、电缆光缆、互联网和通信基站、污水处理设施等等，都是推动区域协调发展进而促进现代化和共同富裕不可缺少的基础设施。

在珠三角地区，完善地面、地下（地铁和各种过道）、河海和空中交通网络，拓宽瓶颈，补齐短板，尤其要加快建设城市垃圾和污水处理设施，提高无害化和资源化处理水平，早年修建的一些不太合理和渐趋老化的基础设施应当及时拆除更新；在沿海经济带和东西两翼，完善高快速铁路"双通道"，增强东西两翼地区空港、海港、陆路枢纽功能，谋划建设一批通往沿海港口的货运铁路和物流枢纽，打通粤东通往华东、华中、大西南和粤西连接西部陆海新通道；在北部山区，完善干线快速通道，重点推进国省道、县乡公路、农村路等交通基础设施改造升级，加快建设污水处理设施并维持正常运行，加强生态景区和区域绿道、碧道建设，打造城在景中、处处皆景、时时宜游的生态城市样板。到2025年，全省铁路运营里程达6500公里，其中高快速铁路运营里程3600公里，高速公路通车里程达12500公里，届时将形成珠三角地区内部主要城市间1小时通达、珠三角地区与东西北地区2小时通达、广东与内地及东南亚主要城市3小时通达、与全球主要城市12小时左右通达的高质量交通运输体系。[①]

广东具有河网密布、海河相连的地理特点，有条件建设完善畅通的水运网络体系。充分利用这种自然条件，建立和完善珠江等水系内河高等级航道网络，进一步提升珠三角高等级航道网出海能力，形成以沿海港口为枢纽，面向全球、辐射内陆的水上交通物流网络。与此同时，扩大航空网络覆盖面，提升广州国际航空枢纽竞争力，加快深圳国际航空枢纽建设，

---

① 《广东省国民经济和社会发展第十四个五年规划和2035年远景目标纲要》。

推动区域机场群协同发展，建设粤港澳大湾区世界级机场群，增强枢纽机场综合保障能力。

 深汕特别合作区交通建设进入"快车道"

> 　　2011年建立的深汕特别合作区是全国首个在空间上相距较远的城市之间的特别合作区，如果没有畅通无阻的交通连接，这类合作区的发展将受到极大束缚。2017年7月，广汕高铁正式开工，设立深汕站，该项目是深汕特别合作区规划"一主一辅三站"枢纽体系中的主枢纽，也是深汕特别合作区打造"与深圳半小时、与广州1小时交通圈"的重要载体。深汕铁路新建正线全长125.49公里。其中，深圳市区段52.54公里，惠州段56.07公里，深汕合作区段16.88公里。这条高铁2025年建成通车后，深汕特别合作区至深圳西丽的运行时间将缩短至30分钟以内。可以说，深汕特别合作区交通建设进入了"快车道"。

　　加快建设信息基础设施，构筑和完善新型基础设施体系，强化省内一体融合衔接。注重新科技深度赋能应用，促进第五代移动通信（5G）、物联网、大数据、云计算、人工智能等技术与交通运输深度融合，提升交通运输数字化智能化发展水平，破除制约交通运输高质量发展的体制机制障碍，争取在智能化、绿色化新型基础设施建设方面取得实质性突破。加速全省人流、物流、资金流和信息流的"四流"合一，推动产业智慧化、智慧产业化、跨界融合化，缩小地域间的隔阂感，消除地方鸿沟。

　　在基础设施建设中，要注意硬件和软件配套，基建和运行管理衔接。粤东西北地区建设了不少生活污水处理设施，维持这些设施运行需要不断投入大量经费，有的地方缺乏运行和维修经费，因而污水处理设施难以正常运行，非但不能有效处理污水，反而成为一种负担。鉴于各地污水处理关系到全省生态环境，有必要实行治污经费全省统筹和地方拨款相结合的制度，加大环保经费补贴和转移支付力度。

（三）统筹经济发展和生态环境保护，建立健全区域合作机制

广东各区域经济社会发展既有某些共性，也有各自特点。区域协调发展不是同构化发展，不能把珠三角模式照搬到粤东西北地区。按照绿水青山就是金山银山的理念，要统筹考虑经济社会发展和生态环境保护，不断完善和有效实施主体功能区规划，力求各地优势互补，全方位开展经济政治文化社会和生态文明建设合作。对此，广东"十四五"规划和2035年远景目标纲要已经做出了具体部署，其中一些发展目标和规划项目具有长远意义，需要各区域之间开展长期合作。

珠三角和东西北地区市与市之间开展对口支援帮扶，是通过区域合作实现融合发展的有效方式。例如，在2016—2019年期间，广州对梅州实行对口支援帮扶，在梅州建立产业园，吸引广汽集团、广药集团、珠江啤酒、广州酒家以及伊利集团等企业到梅州落户；广州和清远合作建立产业园，累计签约工业项目149个，投（试）产企业48家，规模以上工业增加值增长45%。深圳、珠海等市和东西北地区开展对口支援，也取得了显著成效。

值得关注的是，过去一个时期广东区域之间有些产业转移项目引起污染扩散，应当设法加以防治。西方产业梯度转移理论主要是基于不同国家和区域之间经济发展水平差异，没有充分考虑生态环境保护。产业梯度转移在某些经济发展水平差距很大的国家之间也许是可行的，但是广东实行大规模产业梯度转移看来有较大弊端。

第一，广东从北到南在地理上具有台阶梯级下降特点，经济发展水平则呈梯级上升状态。北部山区是水源地和生态敏感脆弱地区，从珠三角地区转移到北部地区的一些产业项目大多有一定污染，转移后没有建设完善的治污设施，或者虽然增加了一些治污设施，但是不足以消除污染。由于输入地生态环境比原输出地更为脆弱，一旦污染，后果更为严重。有的河

流下游产业转移到上游，造成水源污染，从原来下游污染受害扩散为上下游一起污染受害，经过转移的产业给上游提供的收入全部用来治理污染还远远不够，无论对全局还是局部来说都是得不偿失。

第二，产业跨区域转移在一定程度上保护了落后产能，不利于缩小地区发展差距。现在许多行业是先进产能和落后产能并存，一些地方还出现落后产能排斥先进产能的现象。由于不同地区经济发展水平有较大差距，发达地区的落后产能转移到欠发达地区，大多未实行技术改造升级，产品竞争力不强。输入地出于当地利益考虑，实行一些地方保护措施，使得转移进来的落后产能得以生存。虽然这些产能按传统方法核算多少增加了输入地的收入，但是其产品在地方保护政策庇护下销售，挤压了先进产能的发展空间。"十四五"时期应当更好地贯彻全省一盘棋思想，用国家标准和国际标准来衡量产能先进性，对落后产能坚决就地淘汰，在粤东西北地区只能发展清洁先进产能。

第三，产业跨区域转移为某些发达国家产业升级发挥腾挪作用，却使国内相关产业滞留于国际产业链的低端。广东经济开放程度高，有大批外资企业和从事来料加工的企业，其中不少企业是发达国家产业结构升级引起低端产业跨国转移的产物。这在以往对促进广东经济增长发挥了一定作用，但是一些企业处于国际产业链低端，早就被发达国家淘汰。它们先在广东珠三角落户，经过数年发展，外商收回了投资，赚足了利润，后来折价卖给当地又经过数年经营，再转移到粤东西北地区，在客观上对国内产业结构升级是一种阻碍。今后应当切实贯彻创新、协调、绿色、开放、共享理念，从总体上停止和摒弃区域之间产业梯度转移的做法。

在全国各省区之中，广东和四川是地级区划最多的两个省，各有21个地级以上区划（广东有两个副省级区划）。作为全国常住人口最多和经济总量最大的省份，广东有理由设置较多地级区划，但是这些行政区划之间存在一些人为设置的界限和障碍，把本来完全统一的自然生态环境分割成不同区块，造成局部生态环境的碎片化。目前按行政区划核算经济社会发展成果并进行领导干部政绩考核，有利于激励各级领导干部致力于发展本地经济，同时也助长了某些行政区划的产业重复建设和市场分割。粤东地区的一些干部说，汕头、潮州和汕尾原来都属于汕头，后来一分为三，相互争资源、争项目，有不少负面影响。珠三角地区一些相对弱势的地方不愿意培养具有自主创新能力的人才，因为这类人才一旦孵化出来，羽毛丰满之后就可能飞走，或者被有更好待遇的地方挖去。现有行政区划状况在短期内难以改变，各地发展条件差异将会长期存在，但是管理体制是可以改革完善的。从改进地区经济社会发展成果核算和领导干部政绩考核入手，可以加强省级统筹协调，尽量消除地区之间不应有的藩篱和障碍。

珠三角核心地区城市显得过于密集，有些间距不大的城市同时向外扩展，双向对接，几乎连为一体，从生态环境保护和宜居视角来看有不少弊病，建设用地越来越少，环境压力越来越大。按照国家现行政策，必须严格保护耕地和农业用地，实行占补平衡。珠三角地区把农业用地改为建设用地，在当地无法开垦新的农业用地予以补偿，只能到东西北地区购买建设用地指标，通过东西北地区开垦新的农业用地予以置换。这种做法实际上为珠三角和粤东西北地区加强合作提供了一种机会。粤东西北地区不仅可以出售建设用地指标来获得收入，而且对珠三角某些预期效益好的建设项目可以采取土地入股方式参与收入分割。国家实现碳中和任重道远，分区域下达的碳排放指标具有刚性约束，东西北地区可以充分利用和发挥当地生态优势，通过经济资源和生态资源的交易置换增加收入，从而促进全省各区域协调发展。

三　全面推进乡村振兴和城乡融合发展

习近平总书记把乡村振兴战略的内涵概括为二十个字："产业兴旺、生态宜居、乡风文明、治理有效、生活富裕。"他指出："要把乡村振兴战略这篇大文章做好，必须走城乡融合发展之路。"[①]根据这些精神，广东

---

① 《习近平谈治国理政》第三卷，外文出版社2020年版，第258、260页。

制定实施了一系列推进乡村振兴和城乡融合发展的政策措施。

（一）产业融合，科技开路

目前一些西方国家经济总量中，农业或第一产业增加值占比普遍不到2%，被认为是产业结构高级化。我国在全面建设社会主义现代化过程中需要不断调整和优化产业结构，但是不能脱离国情片面追求以农业占比越来越小为特征的所谓产业结构高级化，切忌向西方国家的产业结构看齐，而应当在工业化基础上巩固和发展作为世界最大农业生产国的地位，提高农业发展水平和质量。2019年，国内一些地方因生猪疫情而导致猪肉供应紧张、价格大幅度上涨，这说明我国农业基础还不够稳固。如果未来粮食生产因自然灾害出现供应紧张，就可能出现更大的问题。因此，对粮食、蔬菜和肉禽蛋等副食品生产不能有丝毫松懈。广东不同地区三次产业结构有差异，有些地区农业发展条件好，在当地经济中占较大比重，不能视为经济落后的表现。

从实体经济发展视角看，城乡融合必须以产业融合为载体。城市产业和乡村产业融合是城乡融合的基本途径。一般来说，农村产业以第一产业中的种养殖业及其相关加工业为主，同时可以发展有地方特色的生态旅游和餐饮住宿业，吸引城市游客；城镇产业以第二、三产业为主，其中一部分面向农业和农村，以农产品为原料进行加工制造，同时向农村提供农机具、化肥农药和相关服务。要打通城乡产业关联的堵点，提高城乡产业融合水平，发挥产业关联效应。不论是城市还是乡村，产业发展和融合都要统筹兼顾经济效益、社会效益和生态效益。过去当一些地方的三种效益发生冲突时，往往是优先选择经济效益，不顾社会效益和生态效益，这种选择不符合绿色发展理念，应当摒弃。现在和未来要尽可能兼顾三种效益，实在难以兼顾时应当优先保证生态效益，不能牺牲生态效益来谋取经济效益。只要切实贯彻落实绿色发展理念，那么种植业就可能在发挥生态效益的前提下带来更高的经济效益。

乡村振兴和城乡融合发展必须依靠科技创新开路。加强农业科技攻关，建设农业科技社会化服务体系，建立科技成果入乡转化机制，鼓励城镇科技人才下乡服务。要大力推动数字技术赋能农业产业，以数字化变革推动农业农村现代化，推进农业产业园建设。截至2020年底，广东省财政安排75亿元建设了131个省级现代农业产业园，加上珠三角地区自筹资金建设的30个省级现代农业产业园，广东全省已建设161个省级现代农业产业园，涵盖粮食、生猪、水产、茶叶、水果、花卉、南药、家禽、蔬菜等多种农副产品，主要农业县实现了全覆盖，在产业发展壮大、农民收入提高和保障重要农产品供给方面发挥了重要作用。随着家庭农场、农民合作社、农业龙头企业、社会化服务组织和农业产业化联合体等新兴农业经营主体的发展壮大，通过保底分红、股份合作、利润返还等多种形式，大批农民得以增收，分享城乡融合发展成果。

 生财有道　　茶油飘香振兴路

> 　　肇庆市广宁县油茶种植历史悠久，是全国油茶产业发展重点县，也是广东茶油主产区。目前广宁县油茶种植面积共7万亩，年产值近12亿元，已经成为产业发展的重要支柱和村民的"致富果"。当地实行"公司+基地+合作社+农户"模式，公司向农户免费提供油茶苗木，通过技术指导，挂果之后以保底价回收。运用农业科技成果，在大面积油茶种植基础上发展林下经济和以山茶油和茶油的衍生品（洗发露、茶籽粉等）为主的油茶经济，集生态效益、经济效益和社会效益于一身，对于推进山区综合开发、保护耕地、维护国家粮油安全、促进农民就业增收、改善人民健康状况、加快国土绿化进程都具有重要作用。

　　由于农产品生产和收获具有季节性，保鲜保质要求很高，消费市场主要在城市，因此必须注重城乡之间生产与消费对接，保持农产品产供销流通顺畅。同时加快畅通农产品进城和工业品下乡双向流通渠道，增强供给

与需求的适配性。一方面，运用现代农业科技不断提高农产品质量，培育新品种，适应和满足城市消费者个性化、多样化需求；另一方面，工业品也要适应和满足农业生产、农村居民消费升级需求，降低农村居民生产和消费成本。

（二）以工哺农，以城带乡

从新中国成立之初到改革开放前，我国经济发展的原始积累除了一部分来自没收外国资本和官僚资本之外，主要是依靠农业发展提供的，农村和农民为当时发展国民经济和建设比较完整的工业体系做出了巨大贡献。在农业发展基础上，工业才能够不断增强自我积累能力，扩大再生产。按照西方国家近代以来形成的传统工业化标准，我国现在不仅已经实现了工业化，而且在新中国70多年发展中所达到的工业化水平，总体上已经赶上乃至超过了包括美国在内的西方国家数百年所实现的工业化水平。但是我国全面建设社会主义现代化国家所追求的是具有高质量、高效益、低消耗、低污染乃至无污染的新型工业化，这种新型工业化正在推进之中。同工业发展进度相比，虽然农业也有很大发展，但是技术水平和积累能力都明显滞后。为了实现工农业和服务业协调发展，必须长期坚持实行以工哺农、以城带乡的政策。

对广东来说，主要工业企业都位于城市，以工哺农是以城带乡最得力、最有效的方式。首先，依靠农村供应农副产品的城市和依靠农业供给原材料的工业企业应当以合理价格收购农副产品，推广各地消费扶贫中的一些成功经验，及时向农民提供市场供求变化的真实信息，确保稳产稳销，维护农民利益，通过购买并在城市消费农副产品来支持乡村振兴；其次，向农业农村农民提供生产资料和消费资料的工业企业要尽可能实行价格优惠，通过改进技术和管理来消化某些原材料涨价引起的成本上升，切忌通过提高工业品价格来谋利；再次，城市批发零售、交通运输、科教文卫等行业应当更加主动积极为农业农村农民服务，特别是提供耕作、施肥、防虫治病和收割等生产性服务；最后，城市各类企业对来自农村的务工人员应当给予合理的工资待遇，绝不能克扣或压低他们的工资（相关问题探讨见第六章）。做到这些单靠企业显然是不够的，各级政府要完善相应政策，更好推动以工哺农、以城带乡。

多年来，珠三角的广州、深圳等城市除了与本省东西北地区实行对口支援帮扶之外，还要承担与新疆、西藏等中西部地区的对口支援任务，后一种对口支援是按中央统一部署进行的，优先分配人财物，珠三角地区自身发展也需要大量投入。在这种情况下，珠三角对东西北乡村的帮扶投入比较有限。不论是以工哺农，还是以城带乡，都需要长期坚持，久久为功。

（三）能人创业，集体合作

在粤西云开大山脚下，有一位名叫沈美娟的女性，带领村民做竹蒸笼等产品，把传统工艺和现代电商手段结合起来，走上了共同富裕道路。她是广东云浮罗定市泗纶镇志森竹制品专业合作社的创始人，云浮市第六届人大代表，被称为"蒸笼姑娘"。

 蒸笼编织致富梦

　　沈美娟出生在罗定泗纶镇杨绿村，前辈和当地许多村民都以做蒸笼为生。她长大后曾和当地一些年轻人离开家乡去城市工作，在珠三角一家会计事务所任职，生活稳定。2012年她回家探亲，看到做竹蒸笼的人越来越少，年纪越来越大。沈美娟认识到，这项手艺如果后继无人，迟早会没落消失。凭借自幼形成的对竹蒸笼的特殊感情，沈美娟决定辞职回家创业，继承祖辈竹编手艺。她从找亲戚借钱起步，逐步做大竹编规模。2016年，沈美娟组织农户成立了志森竹制品专业合作社。她把竹蒸笼的制作工序分解，按各户擅长的编织技艺分配加工任务，统一标准，分工制作，集中组装和销售，大大提高了编织效率，增加了收入。目前有200多户农民加入合作社，从

事单一工艺的农户每年增收2万—3万元，从事完整制作工艺的农户每年增收7万—8万元。为了向社会推介产品，沈美娟和她的团队通过制作短视频和电商直播，把合作社的竹蒸笼推上了互联网，通过网上演示和推介，形成了自己的品牌。目前竹蒸笼产品已经销售到海外十几个国家，2019年她的公司营业额已超过1000万元。

——资料来源：参见广东广播电视台"我在广东奔小康"第十七集《"蒸笼姑娘"用竹子编制小康梦》

全省各地都有不少像沈美娟这样的能人，这些能人创业对乡村振兴和农民致富起着引领、示范和带动作用。在各种能人创业的带动下，把村民组织起来，大力发展包括各种新兴合作社在内的集体经济，不断开辟新的财源，是乡村振兴和农民致富的必由之路。

农村经济形式在改革开放前曾经历了从单家独户生产经营到合作社、再到人民公社和生产队的发展，改革开放后实行了家庭联产承包责任制，后来又出现了各种新型合作社。广东除了农垦系统的一些大中型国有农场之外，农村广大地区还是以集体经济和个体经济为主。一部分能人通过发展个体经济可以致富；多数农民家庭承包的土地数量不多，只是掌握传统农业生产技术，通过家庭经营至多达到小康水平，要进入富裕阶层是比较困难的。未来一个时期，农村经济不可能实行国有化，唯有大力发展集体经济，特别是发展各种新型合作社，才是增收致富的可行路径。在这个过程中，能人创业至关重要。他们不仅能够从传统经营领域和方式中发现新的商机，扩大财源，而且善于从国内外需求变化中寻找新的生产经营领域，开辟新的财源。如果他们只是停留在个体经营和私营阶段，那就形成个体私营经济，当做到一定规模时，通过吸收当地村民就业可以使更多人增加收入；如果这些能人创业成功后带领和帮助村民扩大生产，实现合作化乃至社会化经营，那就形成新型集体经济形式，能够有力带动村民致富。一旦能人创业和集体合作融为一体，就会形成新的生产力，为农民走向共同富裕开辟广阔路径。

由于农村劳动力大量外流，一些地方耕地荒芜，老人看家，儿童留守，人才匮乏。针对这些问题，要支持和鼓励农业生产骨干、各种专业户和种养殖能手安心从事农业生产；引导和支持有一技之长的农民工返回农村创业；鼓励大中专农林牧渔等专业毕业生到第一产业创业，以输送和补充高素质劳动力，从整体上提高农业劳动力素质。各地可以选择一些种养殖能手，给予适当的资金支持和技术指导，帮助他们建立生态农业园，带动当地村民增收致富。

（四）要素畅流，优势互补

疏通城乡各种生产要素流通渠道，做到城乡优势互补，对实现乡村振兴和城乡融合发展具有重要意义。从劳动力、土地、资本、科技、人才等资源分布看，城乡各有长短，在一定条件下可以实现优势互补，相互促进。

国内多数地方农村户口转入城市比较难，珠江三角洲一些地方却是城市户口转入农村比较难。这是因为：珠三角一些农村上地有限，确权承包到户，没有多余土地用来分配给新增入户人口；有些村集体按户出资入股建设厂房和住房用于出租，所得租金按股（按户）分配，村民收入高于当地城市居民收入，因而限制城市人口入户以免减少收入。不过，全省多数地方还是城市居民收入高于农村居民。改革开放以来，广东数千万劳动力从农村流向城市，最近20年城镇人口比例由55%提高到74.15%。大批农民外出做工，原来承包的土地转包给了他人，产生少量租金。有些农民工在城镇就业稳定，工资收入不低，可以将户籍迁移到就业所在地；有些人就业不稳定，收入偏低，户籍还是暂时留在农村为宜，这样可以保留农村承包土地，一旦在城镇失业，回到农村户籍地还可以继续承包经营土地来维持生计。当然，将来城乡收入差距缩小乃至消失后，户籍将不会影响就业和分配。

一般农村土地资源丰富，有些耕地荒芜闲置，在一定期限内可以视为休耕，超过这个期限还是应当合理加以利用，使之生财。在保证农业生产的前提下，粤东西北地区可以将一些拆除建筑物之后闲置的土地和新开垦的土地用来同珠三角城市置换建设用地，由此获得一部分收入用于发展农村经济和增加农民收入。资本和技术主要集中于城市，要更加有效地引导资本和技术下乡，用于发展现代生态农业和数字农业。

（五）党员带头，村民致富

2022年1月5日，中央电视台《致富经》专栏播出《新招种香蕉大小都赚钱》节目，讲述广东省阳江市阳东区大八镇周亨村共产党员梁启宗带领农民种香蕉增收致富的事迹。在此之前，广东广播电视台《我在广东奔小康》节目曾对梁启宗的事迹有所介绍。梁启宗和沈美娟都是从农村出去工作后又回乡创业，带领村民实现集体合作增收。

梁启宗事迹的可贵之处至少有三点：一是作为在农村出生和长大的90后大学毕业生，原来在城市有一份不错的工作，他从在南方十分常见的香蕉种植中发现了商机，辞去原来的工作，回到农村种植香蕉，做出这种有较大风险的选择和决定不容易；二是他错峰种植香蕉，曾遭受台风和寒流袭击，损失不小，但是没有退缩，而是找到了防风御寒的有效办法，取得了成功；三是他成功之后没有满足于个人致富，而是组织动员乡亲一起错峰种蕉，独担风险，展现了新时代共产党员敢于担当的精神风貌和乐于奉献的思想品德。

 生财有道　　种蕉致富带头人

　　梁启宗2012年从广东海洋大学畜牧兽医专业毕业后在肇庆市从事医药销售，不久成为分销经理。他父母曾为儿子从农村考上大学再到城市从业而自豪，但是梁启宗却在2018年辞掉了城里的工作，回到家乡农村种起了香蕉。阳江地区夏秋季台风较多，冬季北方寒流来袭会影响香蕉生长，因此当地村民一般是在春夏时节种植香蕉，

以免受台风袭击和低温影响。问题在于，农民在同一时节种植和采收香蕉，集中大量上市，价格和收入较低，也不利于香蕉市场均衡供给。梁启宗看到了这个问题，就在每年秋冬季种植香蕉，错峰上市。

第一批错峰种植的香蕉曾因台风袭击遭受很大损失，梁启宗请教有关专家，发明了一套香蕉抗台风办法：给每棵香蕉树插一根竹竿加固，在台风到来之前剪掉三分之二的蕉叶以减少阻力，结果使香蕉树能够抵御台风袭击。到冬季香蕉已经挂果，遇到低温天气，就给尚未成熟的香蕉套上保温塑料袋。他按香蕉大小分级销售，对小个香蕉实行瓦罐催熟，品质很好。这样错峰种植，按品质分级销售，每亩地可以多收三四千元。他还实行每种三年香蕉后改种一年水稻的轮耕，以保持土地肥力。别人种普通水稻，他种五彩大米，做到人无我有、人有我优。

为了帮助当地村民增收致富，梁启宗动员村民一起错峰种香蕉。为打消村民害怕遭受台风袭击的顾虑，实行增收归己、减收补偿的办法：各户错峰种植香蕉增加的收入分别归各户所有；如果遭到台风等灾害，由梁启宗给每户补偿2万—4万元。现在，梁启宗不仅自己种植500多亩香蕉，而且还成立了一个香蕉合作社，将种植规模扩大到2500亩，直接带动当地160人一起实现错峰种植香蕉，大幅增加了收入。2021年，梁启宗当选为村党总支部书记、村委会主任，成为村民致富带头人。

——资料来源：参见中央电视台《致富经》2022年1月5日《新招种香蕉大小都赚钱》节目

推动共同富裕既要不断创造更好更多的物质财富，也要逐步提高人们的思想觉悟，倡导创业和奉献精神。像梁启宗这样善于创业和乐于奉献的共产党员越多，人民群众走向共同富裕的步伐就越快！

第五章

为新生代创造更好的致富条件

　　珠江后浪推前浪，南粤新人接旧人。当今中国就业人员大多数是70后和80后及其以后出生的人，他们有机会为基本实现共同富裕而长期奋斗。如果把现在的青少年称为新生代，那么全面建成社会主义现代化国家和基本实现共同富裕的目标将在他们手中变为现实。这是极为光荣而又艰巨的历史使命。为此，要千方百计促进人的全面发展，着重培养和提高新生代的劳动创造能力，为他们创造公平的发展机会，大力促进富裕水平的代际递增，确保实现中华民族伟大复兴和永续发展。

一　千方百计培养和提高新生代的劳动创造能力

马克思认为，未来社会"真正的财富就是所有个人的发达的生产力"①。这句话可以理解为人们的劳动创造能力是社会最宝贵的财富，一旦这种能力同包括生产资料在内的适当条件结合起来，就会成为社会财富源泉。新生代即青少年是国家的希望和未来，只有千方百计培养和提高新生代的劳动创造能力，为他们创造更好的致富条件，才能通过一代接一代的奋斗实现共同富裕。

（一）社会成员能力差异是影响收入的重要原因

见表5-1，广东每10万人口拥有小学文化程度的人数少于全国平均水平，拥有初中以上文化程度的人数不同幅度多于全国平均水平。但是各市每10万人口中拥有大学文化程度的人口只有广州、深圳、珠海和佛山4个市不同幅度高于全国平均水平，其他17个市不同幅度低于全国平均水平。全省不同地区之间、城乡之间人均受教育年限差距很大，广州、深圳每十万人口中具有大学学历的人口数倍于揭阳、云浮等地（见本书表4-3）。

表5-1　广东和全国每十万人口中不同学历人口数量比较（2020年）

单位：人

	小学	初中	高中（含中专）	大学（大专以上）
全国	24767	34507	15088	15467
广东	20676	35484	18224	15699

资料来源：《第七次全国人口普查公报（第六号）》，国家统计局网站；《广东统计年鉴2021》表3-13。

---

① 《马克思恩格斯全集》第三十一卷，人民出版社1998年版，第104页。

影响人们收入的因素很多，教育文化程度差异是最普遍、最重要的因素。这一点从表5-2的数据可以得到证明。该表选择广东6个有代表性的地区，A行数据是人均地区生产总值（元），B行数据是每10万人口中拥有大学学历的人口数量（人），二者之比在5左右，表明一个地区的收入高低和人口教育水平高度正相关，几乎成正比变化：一个地区的人口平均受教育年限越高，人均收入就越高；反之亦然。当然，这是就全省总体情况而言，具体到每个人，教育文化程度与个人能力、收入水平的关系有差异。

表5-2　广东部分地区每10万人口中大学人口数量和
人均地区生产总值比较（2020年）

地区	深圳	广州	珠海	惠州	河源	云浮
A	159309	135047	145645	70191	38802	42047
B	28849	27277	25752	12322	8480	6871
A/B	5.52	4.95	5.66	5.70	4.58	6.12

资料来源：《广东统计年鉴2021》表2-27、表3-13数据。

有些学历较低的人通过自学和实践锻炼不断提高自身能力，勤奋工作，获得了较高收入；相反，有些学历较高的人不重视自身能力培养和锻炼，结果收入较低甚至陷入贫困状态。此外，还有些人遇到自身无法克服的困难，未得到社会及时救助，结果陷入不良境地。总的来看，现代社会的能人大多会找到创收致富机会，一般人的收入和他的能力之间具有显著的正相关，而教育是现代社会提高人的能力的基本途径和办法。

（二）通过公平教育促进新生代全面发展

人的全面发展有两层含义：一是对单个人来说，德智体美劳等方面得到平衡发展，没有明显的基本能力缺陷；二是社会范围内所有的人都得到发展，不同的人能力可以各有特色和长短，但是综合能力差异充分缩小。现代和未来社会知识、技能都具有无限多样性，任何个人都不可能全部掌握，只要德智体美劳各方面均受到良好教育，掌握一定的基本技能，能够适应社会发展变化，就是全面发展。只有当全社会成员都得到这样的全面发展，才能使各种财富的源泉充分涌流，不会因为个人能力差异而造成贫富差距，从而在社会范围内充分实现共同富裕。

在现阶段，人的全面发展还受到一些限制，公平教育是促进人全面发展的努力方向和基本途径。广东属于全国教育比较发达的省份，具有完整的教育体系。全省绝大多数少年儿童都在家庭所在地接受义务教育，高中毕业生一部分到省外读大学，大部分在本省接受高等教育。总的来说，广东青少年享有良好的教育条件，但是不同地区和城乡教育条件有明显差异，优质教育资源不足，配置和分布不平衡，在一定程度上影响不同地区和城乡学生教育质量。

目前存在两个比较突出的问题：一是农村教育相对落后，人口中低学历比例较高，还有少量文盲；二是城市流动人口的一些子女上学难。前一个问题得到了各级领导的重视，多年来一直在设法解决。近些年在珠三角和粤东西北地区的对口帮扶工作中，教育扶贫是一项重要措施。珠三角地区一些企业和居民通过大量捐款，帮助粤东西北地区和农村发展教育，取得了明显成效。除了继续办好农村小学之外，可以创造条件就近安排农村少年儿童到城镇上学。要防止出现新文盲和半文盲。过去城市是按户籍人口来建设中小学，现在实际在城市工作和生活的人口包括户籍人口和非户籍常住人口，后一类人口中有部分学龄儿童是在户籍地上学，还有部分跟随双亲或单亲，需要在父母工作地上学。当地学位往往不足，这些学龄儿童要么在当地上不了学，要么需要交纳更多费用才能上学。将流动人口户口迁到他们的工作地点看起来是一种办法，但是如果当地教育规模没有扩大，学位不能增加，流动人口都把户口迁过来可能又会出现新问题。解决这个问题的根本办法是发展城市教育事业，也就是按常住人口来规划和建设中小学，力求中小学教育规模和质量同城市常住人口的教育需求相适应。一个地方的教育资源和普通商品的供求关系有所不同，为满足教育需求，要求教育学位供给能力略大于需求。

问题对话

问：社会上有些议论，抱怨儿童少年学习负担太重，呼吁减负。怎样看待这个问题？

答：儿童少年学习负担过重的问题的确存在，主要原因有两条：一是各种知识不断积累，要学的知识越来越多；二是青少年成长进步的竞争压力越来越大，优质教育资源不足，为考上好学校或名牌大学的竞争尤为激烈。近代社会的知识总量相对较少，一般人受教育年限不多，儿童少年阶段大量时间用来玩耍；成年后却终生劳作，直至丧失劳动能力时为止。现代社会的知识加速增长，总量成倍增加，各学科知识越来越多。不论是中小学义务教育阶段，还是大学专业教育时期，要学的知识比过去成倍增加。在各种知识加速增长和社会竞争日益激烈的背景下，青少年要成为有用人才，必须尽可能多掌握现有知识，所以学习负担越来越重。当然，一些课外应试补习班可以裁减，近年通过治理已经大为减少。国内大学分为重点和一般等不同等级，一些用人单位过于看重大学排位和名气，这些做法加剧了考名牌大学和重点大学的竞争。现代社会正常成长的青少年学生智力并不存在明显的等级差异，社会要为他们提供公平的教育机会，不应把同级学历教育分为三六九等。大学是科研与教育相结合的单位，按科研进行等级划分延伸到教育，造成对学生的教育质量差异是不合理，这是需要设法解决的问题。

人类进步从长远看是通过后代超越前代实现的。前代积累的知识为后代继承和发展，世世代代接力前进，人类智慧才能逐步提高，社会才能不断发展。同前代相比，后代人生不同时期的活动正在发生变化。从国内情况看，前代人儿童少年时期玩得多，知识积累不足，成年后再到学校补课，往往事倍功半，未必是智力进步的最佳途径。现在从幼儿阶段开始不断学习，逐步接受学历教育，工作期间根据实际需要接受继续教育，年老退休后有条件可以多玩一些。这种变化看来是合理的：儿童少年时期学习能力强，可塑性大，应当用更多的时间来学习，可以少玩些；年老之后学习和工作能力下降，养老时以休闲娱乐为主。如果以过去前辈儿童少年时代玩得多为标准，要求后代在儿童时代多玩，那是不适应时代发展要求的。值得探索的是合理设计不同时期的教育知识结构，设法增加学习趣味，对儿童少年尤其要注意融知识教育于娱乐之中，青年在学习书本知识时应当以丰富多彩的方式参加各种实践。

（三）更加注重提高新生代的劳动创造能力和健康水平

古代人的劳动能力主要取决于体力，智力当然也很重要，但是古代人智力进步比较缓慢。与古代的情况不同，现代人的劳动创造能力由比较发达的智力和体力构成，智力高低被称为智商和情商，在现代人的创造能力中比体力更为重要。

一个人的劳动创造能力高低同他掌握的科学文化知识密切相关，只有掌握尽可能多的先进科学和优秀文化知识，形成比较完善的知识结构，才能形成比较强的劳动创造能力。但是知识多少不等于能力高低，只有在掌握知识的基础上学会灵活运用知识，能解决实际问题和创造实际财富，才能是真正具备了劳动创造能力。在这个过程中，实践发挥决定性作用。知识归根结底来源于实践，在学习知识过程中适当参加实践，包括从事科学实验和社会调查，才能更好理解知识、掌握知识、应用知识。

现在有些学校教育片面强调书本知识，轻视实践或实践不足，能力培养欠缺成为短板。从国内大学社会科学领域一些专业的毕业生的情况看，从小学开始连续读到博士毕业，实践能力往往不足。这主要不是学生的问题，而是教育内容和方法中有缺陷，甚至同教育体制不完善有关。有人建议，大学文科某些专业应当从高中毕业后从事社会工作2—3年的人员中招生，这种建议是否可行需要论证，但是有些专业在教学中的确需要增加参加社会实践的分量。

保持身体健康是提高能力的前提。从近些年广东城乡贫困户的情况看，很大部分是因疾病所致，特别是残疾和癌症，往往造成这些家庭人财两空，最终陷入贫困而不能自拔。显然，提高新生代的劳动创造能力不仅有赖于教育事业发展，而且有赖于医疗卫生事业进步。除了加强疾病防治之外，还有更加重视优生优育，减少先天性疾病，发展体育运动，增强全民体质。

套用俄国作家托尔斯泰《安娜·卡列尼娜》的开篇名言说：健康的身体都是相似的，不健康的身体各有各的不健康。只有人体的各个组织器官都保持健康，发挥正常功能，才能维持人体整体健康，任何一个器官不正常都会影响整体健康水平和生活质量。提高全民健康水平需要全社会和每个人共同努力。

    广州某医院门诊一位主任医师带着一位研究生给病人看病，两人并排坐在电脑台前，先由那位研究生询问病人并进行初诊，分别在电脑和病历上记录病情症状，负责起草处方，不清楚或拿不准的地方随时问他的导师，最后由导师复查，确诊后在处方上签字。这种教学方法对培养研究生的能力显然是有效的。当然，这也需要病人配合，切莫以为研究生会耽误看病。好医生总是在医疗实践中培养出来的。

过去一些地方把对医疗卫生事业的投入视为非生产消耗，甚至看成一种负担。实际上，我国医疗卫生事业发展旨在维护包括全体劳动者在内的全民健康，从投入产出的视角看是培养和生产健康劳动力，健康投入可以视为一种更高级的生产性投入。近年席卷全球的新冠肺炎疫情造成数亿人感染，数百万人死亡，各国停工停产的经济损失最终累计可能高达数万亿美元甚至更高，各项防疫工作的直接和间接成本估计也是天文数字。国外数不清的家庭成员因受疫情影响而失业，减少乃至失去收入来源。虽然我国疫情防控在世界各国中极为出色有效，但是国内许多行业也难免受到疫情冲击，旅游业、餐饮业等行业的损失尤为严重。从现在起，应当用更加长远的眼光来看待医疗卫生事业的发展，大规模增加投入，改善医疗卫生设施，增强疾病防控能力，提高全民特别是新生代的健康水平。

二　为新生代创造公平发展机会

君子爱财，取之有道。现代社会的发财路径很多，对绝大多数人来说，勤劳致富是可行正道。在我国社会主义条件下，只要一个人具备正常劳动能力，就有机会为国家、为自己创造财富。国家不仅为社会成员提供基本生存条件，而且为他们创造公平发展机会。特别要为新生代创造公平发展机会。

（一）发展机会和竞争

一个人的发展机会主要是对成长时期和工作时期而言，某些时刻凸显增进自身利益和扩大对社会贡献的良好条件，形成发展机会。不同社会成员的发展机会可能有差异，好的发展机会总是有限的。这种有限性取决于资源条件、社会需要和时机等因素。不论是升学就业还是职务提升，不论是创造财富还是拓展事业，发展机会不仅次数有限，而且需要在做好一定准备的前提下通过自身努力才能抓住机会，把可能变为现实。在有限的人生中错过一次机会就少一次机会，因此，在同龄人或年龄相差不大的社会成员之间，往往为争取某些发展机会而出现激烈竞争。

我国每年一度的高考为青年学子创造了公平的升学机会，但是也有人认为那些未能考上理想大学和落榜的学生是输在了人生起跑线上，说这种一考定终生的做法不合理。实际上，现阶段高等教育资源有限，不同大学教育质量存在明显差异，在这种条件下通过高考来选拔和录取大学生是利大于弊的选择。所谓"一考定终生"的说法不符合实际，落选的学生以后还有机会再考，即使以后仍未考上大学，也还有机会自学成才。目前大学招生指标有限，即使不实行高考，社会上也会有一些人上不了大学。解决这个问题的根本办法是进一步发展高等教育，在条件具备时把高等教育纳入义务教育，做到人人都能上大学；同时全面提高大学教育质量，缩小校际差异。这是未来发展目标和方向，在短期内还难以变为现实。

同教育机会差异相比，人们的就业机会和质量差异及其对收入的影响更大，竞争也非常激烈。国家机关在全国范围内公开招聘公务员，曾多次出现一个岗位有数百人乃至上千人竞争的情况。2022年，广东各地合计有10862个岗位拟考试选拔录取公务员，截至2021年12月1日16时，报名参考并缴费人数为101097人，平均大约9个人竞争一个岗位。竞争最激烈的岗位是289：1。[①]这是发展机会有限引起激烈竞争的典型事例。许多岗位入围的人笔试分数差异很小，最终被录用的人员同那些落选人员相比水平和能力相差并不大，但是因为名额限制，总会有所取舍，由此造成报考人员的发展条件差异。现阶段我国一些行业和企业的生产经营状况和职工收入差距很大，一些偶然因素造成不同单位就业人员的收入悬殊并不少见。

目前我国有数千万私营企业和数以亿计的个体工商户，他们在市场竞争中会发生分化：有的经营出色，逐步做大做优，业主及其家庭成员进入富裕阶层；有的经营和收入维持中等水平；有的经营失败，结果跌入低收入阶层。引起这种分化的原因既有个人能力和经营决策水平差异，也有不同地方社会条件差异，还可能有某些自然原因。总之，人们在现实中面临的致富机会和条件是有差异的，只有正视这种差异，根据社会需要和个人能力条件做出正确选择，才能在致富道路上取得成功。

---

① 资料来源：2022年广东公务员考试职位信息查阅平台。

（二）促进劳动就业

就业是劳动者获得收入的基本来源，也是一般人实现勤劳致富的主要路径。2020年，广东就业总数为7039万人，占全国就业总数75064万人的9.38%，略高于广东人口占全国人口8.94%的比例。[①]图5-1反映了改革开放以来广东三次产业就业人数总量和结构变化，总的变化趋势是第一产业就业人数逐步减少，向第二、三产业转移；最近十多年第二产业就业在2500万人左右波动，保持基本稳定，第三产业就业人数大量增加。

当前人力资源供求之间存在技能、专业、年龄、区位等方面的不匹配、不吻合现象，特别是80后、90后的大学毕业生、研究生和农民工的择业要求同企业提供的就业岗位条件存在较大差距。劳动力市场的招工和择业信息往往不对称，真实信息和虚假信息混杂，部分企业"招工难"与求职者"就业难"的状况并存。

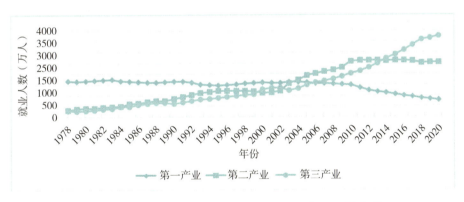

图5-1　1978—2020年广东三次产业就业人数变化

资料来源：根据《广东统计年鉴2021》和《中国统计年鉴2021》就业和人口数据制作。

广东新生代农民工主要来自湖南、四川、广西、湖北、河南和江西六个省区。他们的文化程度比前代高，接受新观念、新事物较快，有父辈打

---

① 根据《广东统计年鉴2021》和《中国统计年鉴2021》就业和人口数据计算。

下的物质生活基础，不如父辈那样能吃苦耐劳，对工作条件、工资待遇和文化生活要求较高。"父辈是什么活都可以干，新生代是什么活都可以不干。"这是一些地方用来描述新生代与前代择业区别的一句话。他们通常不打算在一个地方长久干下去，甚至宁愿处于失业或待业状态，也不愿从事不符合自己要求的职业。因此，他们就业的稳定性较差。

有些地方大学毕业生、研究生和技术工人供给与市场需求不吻合。据珠江三角洲一些地方调查，在劳动力市场提供的就业岗位中，需要技工占90%，需要从事专业技术和管理工作的大学毕业生占10%，但是在求职者中，技工占10%，寻找专业技术和管理工作的大学毕业生占90%。这意味着，90%的求职者要去竞争10%的工作岗位，而90%的岗位只有10%的人去就业。另外，大学毕业生供求的地区结构问题也比较突出。广东高等学校主要集中在广州市，每年的毕业生大多希望在珠江三角洲城市特别是广州、深圳、珠海就业，而这些城市对大学生的需求已经基本得到满足，少量新增需求往往有着较高要求，面向全国招聘，竞争异常激烈；粤东西北地区对大学毕业生的需求潜力较大，但是大学毕业生往往又不愿意到这些地区工作。某些教育专业同实际需要脱节，也是造成大学毕业生就业困难的原因之一。

在经济结构调整中，将第一产业的部分劳动力转入第二、三产业是必然趋势，但是第二、三产业面临激烈的国内外竞争，迫切需要实现技术升级和提高劳动生产率，城镇大批新增劳动力需要安置，能够吸纳的农村劳动力数量有限。珠江三角洲地区拥有丰富的农业资源和广阔的农产品市场，应大力发展现代生态农业，最好能够在未来一个时期内稳定全省第一产业就业规模；粤东西北地区继续将第一产业过剩劳动力转移到第二、三产业，但是要防止因劳动力过度转移而影响农业发展，注意解决农村劳动力老化和补充更新问题。发展现代生态农业对增加就业有相当潜力，除了种植粮食、蔬菜、水果、花卉等经济作物和发展养殖业可以增加收入之外，还能为其他产业提供部分原材料和消化吸收部分排放物，并在城镇之间保留视野比较开阔的田园空间，有利于大气和水体循环并吸收碳排放。

其中经济效益可以部分为其他产业替代，生态效益则不能为任何其他产业替代。要积极推广应用现代生态农业技术，提高土地节约集约利用水平，发展农产品深度加工和市场营销，从而稳定就业总量。

第二产业要调整研发、制造加工和销售环节的人力资源配置结构，有选择发展资本密集型、劳动密集型、技术密集型和资本劳动技术混合密集型企业，以更多的人力进行研发和市场营销，建立旨在创造和掌握核心技术的研发队伍、旨在经营自主品牌的销售网络，相应增加就业岗位。加强省内各区域资本、技术、人力等要素的交流合作，提高就业人口均衡分布水平，缓解局部因就业人口过多对资源环境造成压力过大的问题。

第三产业要改造和提升商贸、住宿、餐饮和交通运输等传统服务业，在稳定就业的同时推动传统服务业向现代服务业提升；积极发展科技、教育、文化、信息咨询、快递、医疗健身、托幼养老、休闲娱乐和家政服务业，创造更多工作岗位。现在广东一些城市的幼儿园和中小学不足，非户籍常住人口中有些孩子没有地方入托和上学，不少中小学学位紧张；随着老龄化的到来，社会养老问题日益突出，传统的家庭养老模式已经不能满足需要。总的来看，社会上需要建立更多更好的幼儿园、中小学和养老院，只要区位配置得当，就能增加就业岗位。在未来一个时期使第三产业就业稳中有升，着重提高就业质量。

在扩大正规就业的同时，鼓励和支持非正规就业。一个人长期乃至终生在一个单位工作是就业，间歇性地在不同单位工作也是一种就业方式。新生代选择后一种就业方式有一定的合理性，家庭、企业和社会应当给予理解。社会和企业要引导他们尽快适应现实需要，切勿因为他们的择业挑剔和工作时间不连续而拒绝录用。

完善劳动力市场，继续办好各种职业招聘会和就业网站，充分发挥网络在促进就业中的作用。调整和优化高校专业设置，加强劳动技能培训，减少因专业不对口和缺乏劳动技能引起的就业结构矛盾。采取提高待遇、完善保障等措施，鼓励大学毕业生到粤东西北地区工作。

（三）新生代：在竞争中自强不息

自强是指竞争主体不断增强自身能力，力求在竞争中超越对手，实现竞争目标。这是竞争主体的一种行为倾向和努力方向。对个人来说，通过学习锻炼增强自身体能和智力，力求超越对手，至少不掉队，是在生存和发展竞争中立于不败之地的关键；对企业来说，不断改进技术和经营管理，注重创新，是在市场竞争中取胜和做大做强做优的关键；对国家和民族来说，不断发展先进生产力和各项社会事业，增强综合国力，是在国际竞争中立于世界民族之林的关键。在某些竞争中，一个主体获胜主要不是自己努力的结果，而是因为对手失误或发生其他意外情况，这在体育比赛中的表现尤为常见。但是对个人、企业和国家来说，在社会经济活动中，自强应当是主体参与竞争的主要努力方向，不能把竞争取胜或不败的希望寄托在对手失误基础上。

2022年北京冬季奥运会取得圆满成功，开幕式和闭幕式表演异彩纷呈，同2008年北京夏季奥运会相比各有千秋，同样精彩，这次冬季奥运会更具新时代特色和高科技含量。各国运动员在比赛中奋力拼搏，许多冰雪项目极具观赏价值，运动员的高水平发挥给观众留下深刻印象。有的项目比赛裁判充分利用高科技手段和视频监控，使比赛规则得到严格遵循，过去难以判罚的犯规动作无所遁形。在新冠肺炎疫情期间举行奥运会，增进了各国运动员的友谊，创造了各国人民相互了解的机会。

同自强相对应的一种手段是抑他，某些竞争者通过打压对手或给对手制造麻烦、设置障碍，进行公开或隐蔽的破坏活动，直至发生暴力冲突，打败乃至消灭对手。这是竞争主体的另一种行为倾向和用力方向。当人类刚刚从动物界进化出来时，生存竞争的抑他行为既发生在部落内部不同个体之间，也发生在不同部落之间，还发生在与其他相关物种之间。现代社会竞争的抑他行为比较复杂，在个人之间、集体之间、国家和民族之间的竞争中都存在某些抑他性，但是抑他程度有差别。

现代文明社会讲求公平竞争，并以法律形式制定了许多竞争规则，一般情况下鼓励和保护通过自强努力来竞争，禁止给对手制造麻烦和设置障碍，反对暴力和其他破坏活动。但是在法律有空白或者约束能力不及的地方，个人和企业之间竞争的抑他性时有发生。国际竞争中的抑他行为尤为严重和离谱。

从新生代个人来说，应当努力学习和锻炼，尽可能提高个人各方面能力，善于把握机会，力求自强不息，为国家多做贡献，也为自己多创收入，争取通过自己的努力进入富裕阶层，过上美好幸福生活。

三 力促财富代际积累和递增

大至一个国家或地区，小至一个家庭，富裕都是长期奋斗的结果。在现代社会长期保持和平的条件下，如果从贫困阶段起步开始奋斗，往往需要几代人不断创造和积累财富，才可能逐步达到富裕水平。致富过程不会一帆风顺，可能出现反复和波动。如果遇到战争，不仅无法正常创造和积累财富，还会毁灭以往积累起来的财富。如果社会存在制度性不公平问题，少数人通过种种方式无偿占有多数人创造的财富，那就可能出现财富积累和贫困积累的两极分化。我国社会主义制度为人民提供了创造和积累财富的公平条件，一些不公平问题可以通过改革和发展逐步解决，努力争取实现财富一代代积累和递增，终将实现共同富裕。

（一）财富代际递减和递增

古今中外，不同国家和地区由于种种原因而发生财富代际递减和递增，直接影响国民贫富状况。撇开古代和近代的情况不说，当今世界就有大量活生生的案例。

分别位于中东和北非的伊拉克和利比亚，原来在各自的地区范围内属于比较富裕的国家，后来被美国和北约打回贫困状态。伊拉克在20世纪80年代和伊朗交战多年，消耗了大量财富；90年代多次遭到美国打击，原总统萨达姆被美国抓住绞死，国家和人民长期积累的财富被战火毁灭，沦为中东的贫困国家。利比亚原来是非洲最富裕的国家之一，国民享受的某些福利不低于欧洲国家水平，但是遭到以美国为首的北约集团多次打击，前领导人卡扎菲被北约军队打死，国民赖以生存的财富在战火中化为瓦砾和灰烬，昔日的富裕生活对绝大多数居民来说不复存在。这两个国家的新生代和他们的前代相比，财富不是递增，而是递减。许多新生代婴儿出生在战争造成的难民家庭，不少儿童跟随父母作为难民逃向欧洲，被那些轰炸他们的北约国家拒之门外，有的在偷渡地中海时因小船倾覆而溺水身亡，后来死尸漂到岸边沙滩，惨不忍睹。这是侵略战争造成一些国家财富发生代际递减的典型案例，那些发动战争的国家通过侵略别国来推动本国财富积累和递增。

20世纪90年代初，由列宁领导创立的世界上第一个社会主义国家联盟即苏联解体，分解独立出以俄罗斯为最大的十几个国家。当初这些国家的许多人以为独立之后能够很快致富，进入由那些鼓励和支持它们独立的美欧国家组成的富人俱乐部，迄今为止的事实证明他们想错了。俄罗斯等国家的大量居民生活水平比过去明显下降，原来一些富裕家庭陷入贫困状态，中等收入家庭降为低收入等级。苏联解体和东欧诸国演变已经过去30多年，影响了好几代人的生活，后代同前代相比，少数家庭的富裕程度提高了，造就了一批富翁，但是许多平民家庭的财富绝对或相对减少，发生了财富代际递减。与此同时，以美国为首的北约逐步东扩，危及俄罗斯安全，结果引发俄罗斯和乌克兰等国家的军事冲突。不论战争结果如何，最终总是造成大量财富毁灭和人员伤亡。

在新中国70多年的发展中也出现过某些波折，但是总的进程是从贫困到温饱再到全面小康逐步递进，国家和人民的财富逐步积累和递增，后代比前代的生活水平稳步提高。特别是改革开放以来，各种财富源泉加速涌流，越来越多的人富裕起来。当然，也有个别家庭由于自身原因出现从贫困到富裕后来又返贫的情况。有的家庭后代不争气，成为"败家子"。但是绝大多数家庭的收入逐步积累，财富递增比较明显。不论从国家、地区和家庭哪个层次看，在未来发展中如何力促财富逐代积累，不断递增，避免代际递减，都是值得关注和需要探讨的问题。

（二）财富代际转移和"啃老"现象

一般家庭财富都可以发生代际转移，主要是从前代传给后代，也有部分属于后代的财富转移给前代用于养老。新生代在就业后的一个时期收入较低，购买住房和某些大件需要父母资助，通常还需要父母帮助抚养后代，甚至日常生活也需要父母接济，这种现象被称为"啃老"。

在动物界，前代抚养后代属于自然现象，有些动物抚养后代所做出的奉献和牺牲之大令人类感动。这是由基因决定的自发行为，出于物种繁衍的内在需要。对人类和家庭来说，前代在后代成长时期的正常抚养活动无论有多少奉献和牺牲，对后代来说都不是"啃老"。只是在后代成年和就业之后，有了一定的收入时还向父母索取资助或要求提供财富和劳务，才属于"啃老"。这在现阶段有一定的合理成分。一般新生代在初次就业后的一个时期内，收入不高，财富积累不足，如果没有父母资助，生活中可能会出现一些困难。特别是当新生代结婚成家之后有了孩子，往往离不开父母的帮助。实际上，一般家庭的父母也愿意向子女提供力所能及的帮助，自觉为子女抚养孙代。子女对父母应当有感恩和回报之心，当父母年老体弱时给予生活照顾，尽些孝道。如果把某代人当作第一代，第二代就业后在特定时期"啃"第一代，第三代在特定时期"啃"第二代，后代"啃"前代，甚至出现跨代相啃的现象。适度"啃老"不仅无损于财富积累，反而有利于家庭和睦和社会和谐。然而，如果子女能力低下，甚至存在品德问题，无止境向父母索取而又不给予任何回报，那就沦为"败家子"，而不是正常"啃老"了。

现实中的财富分为自然财富和社会财富，某些财富形态在特定条件下可以转变为另一种财富。生产活动就是通过利用自然资源和劳动、资本、技术等生产要素，把自然财富变为可以更好适应和满足人们需要的财富形态。20世纪后期兴起的可持续发展理论认为，地球上的自然财富属于全人类，前代为了满足本代需要，不能损害后代人满足其需要的条件和能力；一个国家的人满足本国需要，不能损害别国满足其需要的条件和能力。这"两个不损害"分别涉及代际公平和代内公平。当今世界国家利己主义和强权盛行，不同国家之间很难按统一标准来实现财富分配的代内公平，国内不同阶级和阶层也因为社会制度中的局限很难做到代内完全公平；某些国际协议和条约规定要维护自然遗产的代际公平，有些国家的法律对自然资源的代际公平做出某些规定，保护生态环境就是要兼顾当代和子孙后代的利益。从世界范围来看，要真正实现代际公平，无论在认识上还是在行动上都还有不少困难。

（三）切断贫困的代际传递

广东城乡有些家庭因为前代缺乏具有较高学历、职务和技能的就业人员，不能从事收入较高的工作，因而一代接一代都属于社会低收入阶层。用相对贫困标准来衡量，这些家庭存在贫困代际传递现象。在走向共同富裕的道路上，应当设法帮助这些家庭切断贫困的代际传递。可行的办法之一就是帮助这些家庭培养教育子女，让子女能够接受高等教育或中等职业技术教育，毕业后找到收入较高的工作。这里以职业技术教育为例加以分析探讨。

第一，各地要制定政策，保证低收入家庭的后代能够正常接受义务教育。他们高中毕业后能够考上大学当然最好，考不上大学，应当由社会推荐保送到职业技术学校，毕业后再帮助他们找到一份稳定的工作。近些年，国家对贫困家庭学生就读中高职院校在入学、就读、就业等环节出台了一系列政策，用好用足这些政策，可以避免贫困家庭的学生失学，确保他们免费接受完中职教育。在高职阶段，可申请助学金，争取奖学金，通过勤工助学可以得到一些收入。

从粤西农村走出来的普通工人叶世远，不断学习，勤奋工作，注重创新，逐渐成长为工匠型钣金专家，2021年6月22日在全国第十五届高技能人才表彰大会上获评"全国技术能手"。

2004年，叶世远从技校毕业，进入广汽本田汽车有限公司，走上钣金返修工作岗位。3年机修与模具的专业训练，让他掌握了扎实的技能和理论，为接下来10多年的钻研和创新奠定了基础。他严格按照规范操作，保质保量完成本职工作，返修不良率为0。他提出了150多项合理化建议提案，不断改进返修工艺，提高返修质量与效率，降低返修成本损耗，为企业高效运营做出了贡献。叶世远凭借多年的技术积累和丰富的现场工作经验以及工作团队的协作，创新性地发明了两项重要返修工具：分流拉拔器和快速拉拔器。这些新型工具的发明和钣金返修技术方法的创新，每年为公司缩减返修工时3400小时，节省劳务费约29.3万元，减少钣金返修成本约220万元，获得多项国家专利。

第二，强化校企协同育人，增强贫困地区技术技能人才培养的针对性。目前有些职业院校所开课程操作性、实用性、针对性不强，很多学生进入企业后，还要经过较长时间的培训才能上岗。针对这些问题，对来自贫困家庭的学生要加强技术技能培养，实行校企协同育人。通过"引企入校、引校入企"等方式，促进企业参与人才培养全过程，帮助这些学生尽快掌握实用技术，提高谋生创收能力。推动校企共建校内外共享型生产性实训基地、技术工艺和产品开发中心、能工巧匠工作室等，切实改进职业院校对学生创新能力和技术技能的培养方法，提高培训水平。

第三，积极探索现代学徒制育人新模式，实行招生就业直通车服务。按照校企联合招生、联合培养、一体化育人的现代学徒制人才培养新模式，学校招生即是企业招工，在校学生即是企业学徒或员工。学生一半时间在校学习，以学理论为主；一半时间在企业当学徒，以实践为主。学校聘请企业的技术骨干和管理骨干当兼职教师，主要在企业边生产边带教；企业聘请学校部分技术或管理过硬的教师担任技术顾问或管理顾问，教师除了完成在校教学外，还经常到企业指导和教学，解答学生在生产中碰到的问题。课程教材由校企双方的专家共同选编，教学计划共同制订，真正实现生产过程和教学过程衔接融合。学生不用担心就业问题，在学期间企业给予一定的补助，使学生不仅能免费完成学业，而且还获得一定的经济收入，做到学用结合，保证学习和就业的直通车运行。

第四，对来自贫困家庭的学生加强思想品德教育，帮助他们树立脚踏实地、艰苦奋斗、勤俭节约、感恩社会、报效父母的思想，切忌好高骛远，更不能走邪门歪道。这些教育内容要融入技术培训各个环节，把思想培养和技术培训有机结合起来。

（四）力争通过财富代际积累和递增实现共同富裕

在走向共同富裕进程中，要树立大财富观念，统筹考虑自然财富和社会财富、生态财富和经济财富、物质财富和精神财富的生产、转化和消费，防止为生产经济财富而过度消耗乃至破坏生态财富。

同世界主要国家相比，我国地理位置较为优越，大陆和沿海生态条件总体良好，土地资源和淡水等生态财富可以做到自给自足。未来应当进一步调整和优化农业用地、城市建设用地和生态用地结构，千方百计提高单位面积土地产出效率。坚决守住耕地红线，通过改进耕作方式和实行轮耕休耕恢复地力，把土地保护好并传给后代。要加快能源转型，即从主要依靠煤炭和石油等化石能源转向主要依靠太阳能、风能、水能等可再生能源，同时提高各种金属和非金属资源的循环利用综合利用水平。

从工农业主要产品产量和服务业实物工作量来看，我国财富产业能力已经达到世界单个国家最大的水平。但是如果按汇率把各国用本币核算的国内生产总值转换为用美元计量，再考虑先进科学技术和顶尖人才的不可比性，那么美国还是世界上财富总量最大的国家。我国总人口的巨大除数效应使得人均财富拥有量还远远不足以实现共同富裕，未来需要新生代通过高质量发展不断创造和积累财富，才能具备实现共同富裕所需要的物质条件。只要新生代在现有基础上接续奋斗，以更高效率促进财富稳步递增，必将在未来30年左右基本实现共同富裕。

第六章

初次分配：比贡献求公平

      一个国家或地区的生产活动创造出各种财富，通过初次分配、再分配和交换供人们消费。分配制度和方式决定分配结果，直接影响人们的生活水平和从事经济活动的积极性。我国在初次分配中实行按劳分配为主体的多种分配方式，分配依据是人们的劳动贡献和提供各种生产要素的贡献，分配结果包括劳动报酬、企业利润、生产税和地租等形式。收入与贡献相称一致是初次分配的公平原则。在走向共同富裕的道路上要不断改进初次分配，以利于调动广大劳动者和社会各方面的积极性，通过高质量发展来增加财富总量并让人们合理分享。

一 初次分配依据和同等贡献获得同等收入原则

用现行国民经济核算指标来计量，一个国家或地区的初次分配对象是国内生产总值或地区生产总值，实际上是一定时期生产的供消费和投资的最终产品（包括服务）。在经济开放条件下，我国除了发展内资企业之外，还大量引进外商投资，发展外资企业，外商也会参加我国初次分配；与此同时，我国进行对外投资，在国外发展实业，相关企业参加国外的初次分配并取得一定收入。因此，我国在一定时期创造的收入有一部分会分配给外国人（非常住单位），同时从国外获得一部分收入。国内生产总值加上来自国外的初次分配收入，再减去分配给外国人的收入，就是国民总收入。国内生产总值或国民总收入从价值形态上反映一个国家范围内的初次分配对象，地区生产总值则反映地区范围内的分配对象。人们创造这些财富的劳动贡献和提供各种资源或生产要素的贡献，分别是按劳分配和按生产要素分配的依据，遵循同等贡献获得同等收入原则。

（一）按劳分配依据和同质同量劳动获得同量报酬原则

众所周知，按劳分配作为一种分配方式和原则最早是由马克思提出来的（见第一章）。他设想社会主义社会实行生产资料公有制，每个劳动者和生产资料的所有关系是平等的，由此决定劳动者享有平等的使用生产资料来工作、分享劳动成果的权利，这种平等的所有权不再决定分配数量。由于生产力还不够发达，产品还没有丰富到实行按需分配的程度，劳动还是谋生的途径和手段，人们为社会劳动后获得一张凭证，据此从社会领取消费品：任何两个人为社会提供的劳动质量和数量相同都应当获得相同的报酬。这些研究和设想为我国实行按劳分配提供了理论依据，但是把按劳分配付诸实践还有许多问题需要探索解决。

20世纪50年代中期，我国通过社会主义改造确立了公有制的主体地位，开始在社会范围内推行按劳分配。这从根本上改变了旧中国延续几千年的剥削制度，是我国进入社会主义社会的重要标志。然而，在改革开放前的一个时期内，对什么是按劳分配、怎样实行按劳分配等问题的认识并不是很清楚，因而在实践中存在一定盲目性，未能处理好按劳分配和其他分配方式的关系，一度在分配中出现比较严重的平均主义，不利于调动劳动者的工作积极性，也不利于鼓励人们把各种要素投入生产。改革开放后，在农村实行家庭联产承包责任制，使农民的收入同他们的劳动成果直接挂钩；在企业实行各种效益工资制、岗位技能工资制，在国家机关、事业单位实行结构工资制、职级工资制等，逐步探索出按劳分配的多种具体可行方式。与此同时，资本和技术等生产要素也广泛参与分配。在公有制为主体、多种所有制经济共同发展的基础上，形成了按劳分配为主体、多种分配方式并存的局面。

 **深层思考**　　工资卡是否充当劳动凭证？

现在一般企业和单位给职工发工资并不支付现金，而是按时给他们的工资存折或信用卡输入一定数量的工资额。这个工资额通常已经扣除了所得税。在许多国家和地区，职工到市场购买消费品并不用现金支付，而是刷卡，国内一些消费者是用手机扫码支付。每个人发工资和购物所使用的银行卡，可以视为由芯片制成的劳动凭证，他们用这个凭证从社会储存中领得一份耗费同等劳动量的消费资料。马克思在140多年前设想按劳分配和等量劳动交换，在现代社会通过数字化比以往任何时候都更加接近变为现实。

在我国社会主义市场经济中，按劳分配是通过商品交换来实现的，主要以货币形态分配劳动者创造的增加值，由人们根据自己的需要到市场购买消费品。劳动者是在不同企业或单位工作，企业实行独立核算，各人的劳动贡献由用人单位来考核，每个岗位都有一定的工作职责、考核办法和工资标准，完成规定工作经考核合格后按标准支付工资。因此，按劳分配一般是由企业或用人单位来组织实行，同质同量劳动获得同量报酬原则在企业层面就是同等业绩获得同等工资。一般企业高管和普通员工的业绩考核标准不同，虽然这两类人员的工资薪酬总的来说都属于劳动所得，但是差额较大。不同地区、不同行业和企业的劳动贡献和报酬比例也有差别，国家制定相关法律和分配政策，采取各种经济手段对分配进行调节。

（二）按生产要素分配依据和同质同量要素获得同量收入原则

从事生产活动单靠劳动是不够的，还必须有各种物质资料。在现实中，各种生产要素分别来自个人、集体、国家和外商等利益主体，这些主体必然要参加分配，因而形成多种分配方式。资本、土地等生产要素在市场经济中通过交换来配置，参与分配的依据是要素产权、质量和数量。从实物形态看，投入的各种生产要素的质量高低和数量多少可以视为对生产的贡献；从价值形态看，这些要素质量相同，只有数量多少之差。在生产要素市场上实行同质同量要素获得同量收入原则：任何两个人提供的生产要素质量和数量相同都应当获得相同的收入。

资本参与分配的形式包括实业投资盈利、入股分红、存款取息等。国家和集体单位将土地用于生产经营，收取地租或土地使用费，就是土地参与分配。一些农民外出做工，将自己原来承包的土地转包给他人，收取一定的转包费，也属于土地参加分配。技术参与分配的主要方式是：专项技术折价入股，获得股息；专利技术一次性拍卖，转化为技术发明人的收入。这些要素的贡献主要是通过市场来评价，取决于要素质量、数量和利用效果。

我国按劳分配和按要素分配作为两种分配方式的主要区别是：按劳分配在我国分配中具有主体地位，分配依据是劳动者的贡献，生产要素参与分配的依据是要素所有权及其数量；参加按劳分配的社会成员是劳动者个人，参加按要素分配的主体既有个人，也有企事业单位和政府；劳动者通过按劳分配获得的收入是劳动报酬或工资，按要素分配的结果是利息、地租、技术使用费和转让费等。

二　收入与贡献相称一致是初次分配的公平基准

以按劳分配为主体、多种分配方式并存是我国基本经济制度之一。这样的分配制度和方式要求保持收入与贡献相称一致，以利于调动广大劳动者和社会各方面的积极性，不断发展生产力和社会各项事业，推进共同富裕。

（一）收入与贡献的比例

一个劳动者或其他社会成员通过自己的劳动和提供其他生产要素而对创造财富做出贡献，并由此获得一定数量的收入，二者之间存在一定比例，即收入与贡献之比。

收入与贡献是两个不同的变量，其中收入有货币和非货币两种形态。人们工作可以得到货币形态收入，也可以得到某些以实物形态支付的报酬和直接享受某些福利或特别假期。在现代社会化大生产中，单独一种要素通常不能独立创造价值和财富，只有当劳动和其他要素结合起来才可能创造价值，在分配时必须考核评价各种要素对创造价值的实际作用和贡献。人的劳动和其他物质要素在创造财富中的作用不同，对劳动贡献和物质要素贡献的评价指标和方法也不一样。从长远看，各种要素在生产中的作用或贡献大小会通过市场供求关系的变化影响它们的价格，从而影响要素提供者的收入。一般通过交换提供非人力要素获得收入属于交换行为，不需要单独考核要素贡献再来计算收入，只要在同一个分配单位实行等量要素获得等量收入就是可行的。例如，企业按股分红，等量股份获得等量红利。

马克思主义经济学认为，社会要从劳动者的贡献中扣除一部分用于公共利益需要。如果劳动和其他要素的收入和贡献可以用同一尺度计量的话，那么劳动者和生产要素所有者实际获得的收入应当小于要素贡献。西方微观经济学在假设不存在政府征税的条件下分析要素收入与贡献的关系，认为各种生产要素的价格分别反映它们的贡献：工资反映劳动的贡献，利润和利息等加起来反映资本的贡献，等等；按照生产要素的价格来支付报酬，正好把产品总价值分完，包括劳动在内的各种要素的收入分别等于它们的贡献。实际上，西方国家通过征税会从各种要素的收入中扣除一部分，用于满足公共利益需要和其他需要。如果把税收视为政府提供公共服务的报酬或价格，似乎可以使各种要素的收入等于它们的贡献，但是这不符合实际。虽然税收有一部分用于政府提供公共服务的支出，但是企业纳税额并不反映它享受的公共服务质量和数量。有些企业注重技术创新和优化管理，因而经济效益好，纳税较多，并不是因为享受更多的公共服务；相反，有些企业经营不佳乃至出现亏损，纳税较少，并没有少享受公共服务。如果说税收是公共服务的报酬，那么企业纳税就是购买公共服务，因此税额应当计为外购服务的成本，在核算时作为企业生产的中间消耗加以扣除。但是西方国家在国民经济核算中并没有把税额当作企业中间消耗来扣除，而是作为企业生产的一部分增加值。公共服务不同于私人服务，一般不能实行等价交换。在正常情况下，各种要素收入都得纳税，因而要素所有者收入应当小于要素贡献。

在实现中，做到公平分配有两个难点：一是如何使劳动者的收入与他们的贡献挂钩并保持合理比例，二是在总收入分配中如何确定劳动收入和资本等其他要素收入的合理比例。下面将逐步探讨这两个难点问题。

（二）收入与贡献相称一致：等比例和递减比例

有一个时期，社会上曾流传一些议论："造原子弹的收入不如卖茶叶蛋的，拿手术刀的收入不如拿剃头刀的。"这两句话的意思是说社会上存在收入与贡献不相称问题，有些人贡献大收入少，有些人贡献小收入多。人们议论分配不公平问题，除了说有些社会成员之间的收入差距过大之外，更深层的意见是说收入与贡献不相称。

121

　　马克思主张把劳动作为消费品分配的基本依据无疑是合理的，实际上提出了劳动者收入与贡献相称一致的分配原则。这样做不仅有利于调动劳动者的积极性，从而有利于发展生产力，而且也是在生产力和人自身尚未得到全面发展的条件下实现广大劳动者利益的最公平方式。当然，马克思也指出，由于各人劳动能力和需要存在差异，按劳分配的公平性也是相对的，包含某些不平等因素；只有到了共产主义高级阶段，才能实行各尽所能，按需分配，从而达到更高境界的公平。

　　在实行按劳分配为主体、多种分配方式并存的制度过程中，必须全面考虑权利、机会、规则和结果等方面的公平。人们依法拥有包括自身劳动能力在内的各种生产要素，有权通过劳动或提供其他要素对社会做出贡献，并取得相应的收入，这属于权利和机会公平。社会通过税收等手段从人们的贡献中扣除一部分收入，用于满足公共利益和长远利益的需要，其余部分通过分配形成个人收入，这属于规则和分配结果公平。一个人的贡献越大，收入就越多，这样才能保持权利、机会、规则和分配结果公平的协调一致，也才能充分调动社会各方面的积极性，最大限度地促进生产力发展，实现人民群众的根本利益。因此，收入与贡献相称一致，应当成为目前条件下分配公平的衡量基准。

　　具体来说，收入与贡献相称一致有两层含义：第一，任何一个社会成员收入应当与他的贡献保持合理比例。除了那些丧失劳动能力、难以做出贡献而又需要由社会给予救助的人，一般社会成员的合法职业收入与贡献的比例应当大于0而小于1。这个比例一方面取决于劳动者及其家庭成员生存和发展的需要，另一方面取决于社会积累和公益事业的需要。这两个方面对社会来说主要就是要确定消费和积累之间的合理比例。第二，对两个以上的社会成员来说，他们的收入与贡献比例应当保持大体一致。假设某企业有甲、乙两个劳动者，他们在一定时期内对企业生产经营的贡献用货币单位计量分别为10000元、12000元，工资分别为8000元、9600元，两人收入与贡献的比例均为80%，这就属于公平分配。虽然两人的收入不等，但是这种基于贡献差异的收入差异是合理的，因为实行同一规则，即两人都按贡献的80%支付工资。许多企业实行计件工资，就是遵循这种分配原则。如果实行平均分配，把后一个人的工资减少为8000元，那就意味着前一个人按贡献的80%支付工资，而后一个人大约只按贡献的67%支付工资。这是不公平的，容易挫伤后者的劳动积极性，最终不利于个人和社会。

普通社会成员的劳动贡献差异不会很大，但是某些特殊人才的劳动贡献会比普通劳动者高出很多，他们贡献大、收入高是完全合理的。不过，从社会范围来看，不同行业或企业的经济效益和收入水平差异很大，有些行业或企业员工获得高收入含有一些非劳动贡献因素。如果要适当控制不同企业劳动者之间的收入差距，可以实行阶梯式递减分配比例，即对劳动者一定数额之内的收入分配按贡献的等比例支付，超过这个数额的部分实行递减比例。例如，某企业按员工业绩分计算工资，当业绩分在1000分以内时按每分10元支付工资，业绩分在1001—1500分的分值按每分8元支付工资，1501分以上的部分按每分5元支付工资。事实上，国家征收个人所得税和企业所得税，个人和企业收入超过一定数额按累进税率征收所得税，这对企业和劳动者之间的收入起到一定的调节作用。因此，一般企业没有实行递减比例分配制度。

我国各地经济发展水平和物价差异很大，只要收入与贡献保持大体相近的比例，差距不超过社会可以接受的限度，就可以认为属于公平分配。有些企事业单位逢年过节按一人一份的原则发放一些实物；有的企业员工除了基本工资之外，还有多种补贴、奖金等。分析初次分配结构比例应当把所有合法收入都统计在内；至于一部分人非法获取收入，不属于分配范畴，故应排除在初次分配之外。

三　初次分配既要效率也要公平

在初次分配中如何处理效率与公平的关系是一个值得探讨的问题。国内外学者曾经提出四种不同的看法和主张：一是效率与公平之间有矛盾，难以兼顾；二是效率与公平可以也应当兼顾；三是效率优先，兼顾公平；

四是公平优先，兼顾效率。我们认为，初次分配既要效率也要公平，力求二者兼得。

（一）西方学者以平均分配为前提构造的效率与公平的虚拟矛盾

美国学者奥肯把效率和公平分别定义为产出最大化和分配平均化，因而认为效率与公平必然发生冲突："任何坚持把馅饼等分成小块的主张，都会导致整个馅饼的缩小。""平等和经济效率之间的冲突是无法避免的。"[①]这种看法在西方学者中有一定代表性，后来被介绍到国内，引起关于效率与公平矛盾的争论。

把效率与公平分别定义为产出最大化和分配平均化并假设人们同时追求这两种目标，那么二者之间的确有冲突，难以兼得；如果人们不同时追求这两种目标，或者只是追求其中一种目标，不追求另一种目标，那么二者不一定发生冲突。奥肯等人是在假设人们追求这两种目标的前提下，判断效率与公平之间有冲突。实际上，西方学者对效率和公平的理解并不一致，对人们是否同时追求产出最大化和分配平均化的看法也有分歧。

现代社会注重降低消耗和增加产出，可以认为人们具有追求产出最大化的愿望。中国古代社会曾有"均贫富"的说法，在历史和现实中都有某些平均分配方式。现在国内许多企事业单位都给在职人员提供工作餐，逢年过节发一些食物和用品，完全实行一人一份的平均分配方式。然而，这些单位内部的实物分配不是国家范围内的初次分配。当今世界没有一个国家公开把平均分配作为初次分配原则。奥肯曾用一些民意调查结果来说明在西方国家人们反对平均分配。他明知西方社会的主流意见并不主张平均分配，但是仍把选举表决中的一人一票与收入分配中的一人一份进行类比，在假设上述双重目标同样重要的前提下推断效率与公平之间存在冲突。

效率本来是对生产而言，它首先取决于生产技术和管理水平，其次才

---

① 阿瑟·奥肯：《平等与效率——重大的抉择》，华夏出版社1987年版，第46、141页。

受分配公平与否等因素影响。人们通常并不对分配活动和方式本身进行效率高低评价，而是要求分配有利于提高生产效率；人们对分配是否公平会进行评价，要求收入与贡献相称，这有利于调动人们的积极性，但是最终是否有利于提高效率，还取决于技术和管理。如果技术落后，企业管理决策失误，无论分配是否公平都不足以实现高效率。把生产领域的效率和分配领域的公平扯到一起，构成所谓冲突，经不起理论逻辑上的推敲，也得不到实证数据的检验。

（二）在走向共同富裕进程中必须既讲效率也讲公平

从全国和各地的情况来看，现有财富总量还不够大，在分配领域适度抽高补低可以缩小收入差距，但是不足以实现共同富裕。推进共同富裕的当务之急是实现高质量发展，增加财富总量；同时改进分配，让人们的收入和贡献更加合理地挂起钩来，从而激发出更大的创造力。如果说增加财富总量是效率问题，那么比贡献就是讲效率，在分配中保持收入与贡献相称一致就是讲公平。在走向共同富裕进程中兼顾效率与公平是非常必要的，也是完全可能的。

改革开放初期，如何打破分配中的平均主义，大力提高效率，是亟待解决的问题。当时一些理论工作者受到来自西方的效率与公平冲突论的影响，提出效率优先、兼顾公平的主张来反对国内分配中的平均主义，用意是好的。问题在于，西方学者构造的效率与公平的虚拟冲突形成一种不科学的思维模式，误导人们试图通过比较效率与公平的重要程度来进行选择和取舍，使得在社会主义条件下本来能够统筹兼顾的效率与公平目标被人为地对立起来。西方学者把公平混同于平均分配，这种观点在国内流传造成对公平标准的认识错乱：一方面反对绝对平均；另一方面又借用西方学者的提法，兼顾以平均分配为主要内容的公平，造成自相矛盾。后来有一种说法：初次分配注重效率，再分配注重公平。这种说法是把公平理解为缩小收入差距，隐含的看法是初次分配不必兼顾或难以兼顾效率与公平。我们把公平界定为收入与贡献相称一致，主张初次分配和再分配都应当统筹兼顾效率与公平。

值得指出的是，马克思主义从来没有把公平定义为绝对平均，也没有把平均分配视为社会主义理想目标。按照马克思主义的设想，在共产主义低级阶段即社会主义社会实行按劳分配，以承认人们的劳动贡献大小差异为前提，保持劳动报酬与贡献相称一致是公平分配的原则；将来在共产主义高级阶段实行各尽所能，按需分配，也承认人们需要的差异，而不是绝对平均。社会主义的共同富裕目标要求不断促进人的全面发展，通过平衡而充分发展满足人民日益增长的美好生活需要。为此，必须大力发展生产力和社会各项事业，不断提高效率；必须通过各种制度建设来实现人的权利公平、机会公平、规则公平和分配公平。在我国全面建设社会主义现代化国家的新征程中，任何时候都需要高度重视效率和公平问题，不必把二者当作发生冲突的双方来认识和处理。特别是对公平范畴应当从权利、机会、规则和分配结果等方面全面认识，而不能混同于平均分配。

四　全国和广东初次分配结构变化

我国按劳分配为主体的多种分配方式是由现阶段生产力水平和所有制结构决定的，按劳分配的主体地位体现在：劳动贡献是消费品分配的主要依据，国民总收入大部分用于实行按劳分配。这是对全国而言，不同地区和企业的分配方式有差异。改革开放以来，我国所有制结构和初次分配结构都发生了很大变化，广东初次分配结构变化同全国相比更为突出。

（一）全国以按劳分配为主体的多种分配方式结构变化

图6-1反映了2000—2019年我国初次分配结构变化（根据历年《中国统计年鉴》有关数据制作）。在这20年间，劳动者报酬占比从2000年的53.37%下降到2011年的47.49%，以后又回升到2019年的52.27%，其中13年高于50%，另外7年低于50%；生产税净额占比基本稳定；财产收入包括利息、红利、地租等，在波动中呈上升态势。

图6-1　2000—2019年中国初次分配结构变化

　　表6-1列出了2019年反映我国初次分配数量和结构的部分指标，其中劳动者报酬总体上属于按劳分配所得；利息、红利和地租等项目主要是按生产要素分配结果，属于财产收入；此外还有固定资产折旧（估算值），通常计入企业混合收入。

表6-1　中国初次分配数量和结构（2019年）

项目	劳动者报酬	生产税净额	利息	红利	地租	固定资产折旧等
收入（亿元）	514241.2	97932.4	135917.1	41775.1	8496.2	185389.2
占比（%）	52.27	9.95	13.82	4.25	0.86	18.85

　　根据"资金流量表"计算。资料来源：《中国统计年鉴2021》，中国统计出版社2021年版，第101页。

　　在企业层次，所有制性质、资本结构和分配方式呈现多样化：有的以按劳分配为主，有的以按要素分配为主，可以兼而有之，也可以实行单一分配方式。一般来说，公有制企业以按劳分配为主，同时兼用其他分配方式；私营企业、外资企业则以按要素分配为主，对员工也可以实行按劳分配。在个人层次上，允许通过多种合法途径和方式取得收益：既可以通过为企业劳动而取得工资，也可以通过提供其他要素而获取相应的收入，包括投资入股获得股息，购买债券获得利息，以个人技术专利折价入股参加收益分配等。因此，一般家庭都有多种收入来源。

（二）广东初次分配结构变化

广东初次分配结构变化同全国的情况基本一致，但是波动更大。表6-2列出了2016—2019年广东和全国初次分配结构比较情况，其中企业混合收入包括固定资产折旧和营业盈余。

表6-2　2016—2019年广东和全国初次分配结构比较

年份	劳动者报酬（%）		生产税净额（%）		企业混合收入	
	全国	广东	全国	广东	全国	广东
2016	50.96	49.4	12.20	12.5	36.06	38.1
2017	52.07	50.0	11.61	12.4	36.77	37.6
2018	52.25	52.4	11.69	11.2	37.47	36.4
2019	52.27	52.0	9.95	11.9	37.77	36.1

资料来源：2017—2021年《中国统计年鉴》"资金流量表"、《广东统计年鉴2021》地区生产总值项目构成。

见图6-2，1978—2019年，广东初次分配中劳动者报酬比例变化大体可以分为三个时期：1978—2003年劳动者报酬高于50%；2004—2016年劳动者报酬低于50%，其中2010年最低为45%；2017年以来回升到高于50%。多年来，中央反复讲要提高劳动报酬在初次分配中的比重，广东这个比例近几年同全国的情况一样呈上升态势。

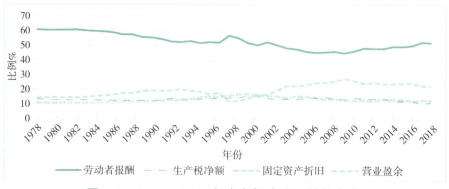

图6-2　1978—2019年广东初次分配结构变化

劳动者报酬是广东城乡绝大多数居民收入的主要来源。几十年来，广东地区生产总值一直在全国省级核算单位中居第一位，大大高于中西部省份，所以人均工资等收入在全国各省区中处于比较靠前的位置。虽然广东劳动者报酬在上述第二个时期低于50%，但是在初次分配中的比例依然大大超过其他项目比例。广东是全国产生税收最多的地区，近年来每年从广东产生的中央税等收入在2万亿元左右（不含地方税），占全国财政收入的比重超过广东地区生产总值占国内生产总值的比重。多缴税支援其他地区发展正是邓小平设想的先富带共富的基本途径，这也表明广东对全国发展做出了自己的贡献。江苏、浙江等省的初次分配结构与广东相似，中西部一些省份的劳动者报酬和生产税比例分别高于和低于全国平均水平。广东在走向共同富裕的道路上要争取劳动者报酬比例有所提高，至少不应降低。

五　广东初次分配中的一些问题

广东在初次分配中坚持和完善按劳分配为主体的多种分配方式，有力促进了生产力和社会各项事业发展，但是也存在一些问题或不足之处。有些宏观层面的问题涉及国家分配政策，在部分省份有一定普遍性；有些微观层次的问题是广东特有的情况，或者虽然其他省份也存在但是广东比较突出。

（一）农民劳动报酬明显偏低

广东第一产业除了一些国有农场实行和第二、三产业相同或相近的分配方式之外，一般在农村以家庭为基本生产经营单位，农民参加初次分配不是像工业企业那样获得收入后再发工资，而主要是通过生产和销售农产品获得一种混合性收入。从这些收入中扣除中间消耗，剩余大部分是农民的劳动报酬，少量是改良土壤和购买农具的投资回报。国家免征农业税之后，农业很少提供税收。国家对部分农产品生产给予补贴，可以间接增加农民收入，属于再分配。图6-3反映了2010—2020年广东第一产业就业和增加值分别占全省相应指标的比例变化。

图6-3 2010—2020年广东第一产业就业和增加值占全省的比例

2010—2020年，广东第一产业从业人员逐步减少，2020年仍有767万人，占全省从业人员总数的10.9%，绝大部分为农民；同年第一产业增加值仅占全省地区生产总值的4.3%，大幅度低于前一个比例。与此不同，第二、三产业增加值占比分别略高于从业人员占比。因为第一产业增加值大部分是农民初次分配所得，增加值占比低于从业人员占比可以解释为农民劳动报酬与他们的劳动工作量不相称，他们辛勤劳作，得到的收入却比较少。当然，更深层的原因是第一产业技术水平、劳动力素质和生产率相对较低，由此影响农民初次分配所得，这应该说是广东初次分配中的一个问题。广东农村有不少人实现了勤劳致富，但是多数人还属于中低收入群体。

（二）有些企业存在利润侵蚀工资现象

在改革开放前期，广东一些国有企业和集体企业扩大经营自主权，曾出现工资侵蚀利润的现象；随着改革开放不断推进，企业作为市场主体得到了比较完整的经营自主权，大批外资企业和私营企业成长起来，一些企业开始出现利润侵蚀工资的现象。部分企业压低和拖欠工资、不缴或欠缴社会保险费用。由此引起企业生产一线工人工资水平长期低于社会平均工资，企业平均工资增长速度长期低于利税增长速度。

为保护城镇企业职工利益，政府制定了最低工资标准，但是在执行中发生偏差，被一些企业错误地当作实际工资基准。有些企业按照略高于最低工资标准的水平发放工资，长期维持低工资水平。许多企业工人劳动强度较大，仅仅获得略高于最低工资标准的收入是不合理的。

在市场经济中，企业（以资本所有者、业主或高管为利益代表）追求盈利，政府依法征税和工人要求增加工资，这三种要求都具有各自的理由。虽然三种主体存在广泛的共同利益，但是在企业收入分割中存在此消彼长的关系。具体来说，利润侵蚀工资的原因主要有三个方面：第一，从企业方面看，资本所有者和管理者掌握着分配决定权，他们的收入或者同利润挂钩，或者直接来源于利润，减少工资意味着增加利润，从而增加企业资本所有者和管理者收入，这种利益机制构成利润侵蚀工资的动因。第二，从政府方面看，一些地方追求经济增长，特别是追求来源于税收的财政收入增长，把劳动力低成本作为吸引投资的一种优势，担心提高工资引起成本上升，丧失竞争优势，因而默许或听任企业维持低工资。第三，从工人方面看，多年来，全国农村数以亿计的劳动力向城镇转移，从内地来广东就业的人数以千万计，城镇每年也有大量新增就业人口，形成激烈的城镇就业竞争。当农民刚从农村到城镇找工作时很少受到专业培训，大多缺乏城镇企业所需要的专业技能，一般只能从事较简单的劳动；又因为目前劳动力流动在某些区域和时间段过度集聚，大大超过市场需求，求职者往往只能被动接受企业单方面确定的工资水平。

（三）有些外向型企业的中方收入受国际资本挤压

广东经济对外开放程度高，大量企业属于外向型企业，包括外商投资企业、港澳台投资企业和其他以生产出口产品为主或从事来料加工的企业。全省发展了大批来料加工企业，彼此竞争非常激烈。对服装、鞋类、皮革制品等加工产品来说，外商或发包方常常以很低的加工费用找到加工企业。这些加工企业没有自主品牌和独立销售网络，主要从事来料加工和贴牌生产，对外商和国际市场依赖很大，获得的加工费占销售额的比例很低。企业在照章纳税的情况下，为了维持正常经营，往往不得不压低工资。有些外资企业生产规模大，经营状况好，利润丰厚，但是一线生产工人工资依然偏低。在广东加工制造的许多产品贴着外商掌握的品牌销售到欧美市场，品牌所有者依靠对国外市场的控制，获得了丰厚的利润。有的企业实行"两头在外"，进口原材料，利用中国的廉价土地和劳动力等资源进行加工，产品出口，外商赚得盆满钵满，中方加工业主和生产工人通常只能得到低利润和低工资。国外有些媒体言论指责我国企业以损害劳工权益为代价实行低价倾销，殊不知真正损害劳工权益的人往往就是来自这些国家的外商。一些跨国公司采用种种手段对我国企业发展自主品牌进行打压和围剿，内资企业尤其是民营企业创造自主品牌步履维艰。一些民营企业为此投入和消耗了数百万元、数千万元甚至数亿元资金，试图创造自己的品牌，建立自己的销售网络，但是没有成功，常常遭到国际资本的排挤。

工人议薪会解雇

有一家外资企业规定不准工人公开议论工资，不准相互打听各人收入多少；如果有人三次公开议论工资，就会被解雇。这种规定未免离谱和霸道。工人对工资分配有知情权，相互打听收入多少也不违法。如果企业分配公平合理，大可不必害怕工人议论工资。

业主抱怨受剥削

有一家私营服装厂生产一款女装，贴上国外品牌后市场标价为每件739元，厂里得到的加工费为18元，仅占标价的2.44%。工资、设备损耗和利润都来自这点加工费。业主多次向外商请求提高加工费，但是外商说你不干有人干。一位业主抱怨说："现在是品牌剥削企业，企业剥削工人。"

一些地区竞相引进外资，向外商提供过多优惠，实际上有损自身利益，助长了国际资本对中方利益的挤压。近年来，美国和欧洲一些国家实行贸易保护政策，甚至同我国打贸易战，对广东一些外向型企业冲击很大，加之新冠肺炎疫情影响，企业面临很大困难。许多业主还是想方设法克服困难，尽量维持生产经营，期待国内外经济形势好转，指望今后能获得新的发展。

（四）企业高中层管理者和生产工人收入高低悬殊

企业收入分配是保密性高、透明度低的事情，很难查清企业各类人员的准确收入。但是从能够找到的资料来看，企业普遍存在高中层管理人员和生产工人收入高低悬殊问题。有的上市公司高管年薪数千万元，比一般生产工人年工资高出数百倍；中层管理人员的年薪也大大超过一线工人工资。造成这种收入悬殊的原因主要有两点：一是管理人才比普通工人更稀缺；二是不同岗位贡献考核和分配方式不完善。前一点原因造成收入差距是合理的或目前难以避免；后一点原因是应当克服的。

过去对企业家和管理人员的特殊贡献有所忽略或低估；现在一些企业又出现了另一种倾向，就是夸大企业家的贡献，低估普通员工的贡献。目前企业高管和普通工人贡献并没有统一考核标准，高管业绩一般通过企业经济效益来评价，薪酬逐步向发达国家企业高管水平和国内高薪水平看齐，有的已经达到发达国家企业高管水平；普通工人则实行计件工资和计时工资，不仅大大低于发达国家工人工资，而且也低于当地社会平均工资。有些工人工资相对于他们从事的高强度、长时间工作来说，明显偏低。

六　在走向共同富裕道路上不断改进初次分配

初次分配涉及每一个从业人员及其家庭的切身利益。在走向共同富裕道路上应当根据经常变化的情况和实际存在的问题，不断改进初次分配方式和办法，使之更加公平合理，激励人们不断创造并合理分享财富。

（一）改进财富总量核算方法

一个国家或地区在一定时期究竟创造了多少财富可用于初次分配？这个问题通过国民经济核算来提供答案。只有准确核算财富总量和分配对象，才能更好实行初次分配。

我国在1993年之前曾采用物质产品平衡体系，用社会总产值等指标核算经济总量和生产成果。从社会总产值中扣除固定资产和原材料等生产资料消耗价值，剩余部分称为国民收入，经过初次分配形成利润、工资、税收。国民收入指标和核算方法的局限是只反映工农业和交通运输业等物质生产部门的生产成果，科技教育文化卫生等部门的生产成果被排除在外。事实上，现代社会的科技教育文化卫生等部门均创造财富，这些部门的生产成果应当纳入社会财富总量和分配对象。从1993年起，我国采用由联合国等机构编制的国民账户体系指标和方法进行国民经济核算，一定时期的分配对象是各产业生产的增加值之和即国内生产总值，也就是总产出减去中间消耗之后的部分。该指标能够更全面反映社会财富总量，但是把固定资产折旧纳入初次分配对象属于重复计算。[①]按照马克思主义经济学的分析，固定资产折旧是生产资料转移价值，不是当年新创造的价值。企业从经营收入中逐年扣除固定资产折旧只是分期收回原来购买固定资产的成本，就像收回购买原材料的成本一样。国民账户体系也认为固定资产折旧不是当年新创造的价值，但是在统计核算中却计入国内生产总值，从国内生产总值中扣除固定资产折旧后称为国内生产净值。

目前国内主流观点和统计资料是把国内生产总值当作初次分配对象，为了运用这些资料来分析问题，本书也只能以国内生产总值或地区生产总值为总量来计算初次分配结果。严格来说，真正的初次分配对象应当是国内生产净值。目前初次分配结果中的企业收入包括固定资产折旧和盈利，名为混合收入或企业盈余，比较模糊。如果坚持把国内生产总值当作初次

---

① 联合国等编：《2008国民账户体系》，中国统计出版社2012年版，第40页；郑志国：《国民经济核算中的固定资产价值重复计量》，《华南师范大学学报》2016年第2期。

分配对象，那就应当加强对固定资产折旧和国内生产净值核算，这样才能明确国家、企业和劳动者各方的初次分配所得。

（二）探索按劳分配和多种分配方式的数字化

在信息化网络化时代，可以通过数字化来准确记录、考核、评价劳动和其他生产要素的贡献，从而使收入与贡献保持相称一致，更好实行按劳分配为主体的多种分配方式。

在现实中，人们的劳动贡献有多方面的表现，在分配实践中形成了多种考核方法。对一般生产工人，主要考核他生产的产品质量和数量或其他实物工作量；对营销人员，主要考核他推销产品的数量和金额、客户关系以及收集市场信息方面的业绩；对管理人员，主要考核管理水平和业务状况乃至企业经济效益。运用现代信息网络手段和大数据，可以更加准确地记录、考评各个岗位生产员工的贡献，作为分配依据。以生产工人为例，在社会化大生产中，个人通常不独立生产完整的产品，也不是独立创造价值，他们的贡献主要表现在完成的实物工作量和业绩，运用一定的指标是可以考核的。有些企业对生产一线的员工实行计件工资制，一定时间内员工的贡献就是他们完成加工的合格零部件数量；还有些企业运用多项指标对职工业绩进行评分，按得分多少评价贡献。这些方法在一定范围内都具有可行性。过去因为缺乏信息网络手段，只能进行粗略考评，员工之间高度保密，以免横向比较引起不满。现在可以利用信息网络化手段，细化评价指标，随时进行记录考评。

值得强调的是，按劳分配是社会主义社会激励人们劳动工作的基本方法。在社会成员尚未全面发展特别是思想觉悟尚未充分提高的情况下，为了鼓励他们努力创造，充分发挥各自的作用，必须通过按劳分配来进行激励。

在生产要素市场的长期发展过程形成了由市场决定利息、地租等收入的分配形式，存贷款利息和股价变化能够反映相关要素的供求关系和利用效率。现代信息网络和数字化为科学分析各种要素的供求关系和利用效率提供了技术手段，利用这些手段，能够更好实行按生产要素分配。

如果说按劳分配是社会主义分配原则，按生产要素分配是市场经济的分配方式，那么二者的结合就是社会主义制度和市场经济结合的重要环节。按劳分配所引起的收入差距通常不会太大，不足以造成贫富两极分化。但是如果不注意科学考核劳动贡献，不实行合理的工资制度，就可能出现平均主义问题。人们所拥有的可支配要素数量不等，按要素分配结果一般不会出现平均化；现在的问题是，社会成员所拥有的资本或资产数量相差很大，实行按要素分配可能造成收入悬殊。因此，按劳分配要注意克服平均主义，按要素分配则应注意防止收入差距过大。

（三）按照三次产业特点改进初次分配制度和办法

第一产业要坚持减免农业税，通过多种途径加大对农业生产的投入和再分配补贴，尽可能保持农用生产资料和农副产品价格稳定，让农民的劳动成果通过合理的售价转化为他们的收入，不因农用生产资料价格上涨和农副产品价格下降而导致劳动成果贬值。与此同时，引导农民在第二、三产业开辟新的财源，通过多种经营来增加收入。

第二产业不仅为从业人员提供劳动报酬，而且是产生资本收入的主要产业，也是国家税收的主要来源。在第二产业改进初次分配要按照如上所述的方法加强和改进对劳动贡献的考核，处理好劳动收入和资本收入的比例关系，适当提高劳动收入在企业总收入中的分割比例。一些私营企业和外资企业的业主兼有投资者和管理者双重身份，他们的收入包括投资盈利和薪酬两部分，也应有一定的考核方法。建立健全技术参与分配制度，由市场决定专项技术折价入股分红、专利技术转让和拍卖，让各种实用技术尽快转化为生产力并给发明人带来应有收入。

第三产业各行业按市场化程度和分配方式差异可以分为三类：一是市场化服务，包括交通运输、批发零售、餐饮住宿、房地产、金融服务等，这类行业初次分配与第二产业基本相同，除了给从业人员提供劳动报酬之外，还产生资本收入和税收；二是半市场化服务，包括科教文卫等行业，参加初次分配，但是很少产生资本收入和税收，部分单位参加再分配和第三次分配；三是非市场化服务，主要是政府公共服务，一方面以税收形式参加初次分配，另一方面在社会范围内实施再分配，进行收入调节。科教文卫行业总体上兼有公益性和商业性，不同单位的两种性质成分有差异。一般科研机构、大中小学校和文化单位不是通过市场出售服务来获得收入，所需经费主要来源于税收形成的财政拨款，是用初次分配结果进行事业投资和再分配。有的科研单位按不同项目同时开展基础研究和应用研究，其中基础研究完全依赖财政拨款，有些应用性成果通过市场交换进入企业得到应用，可以取得部分收入，但是依然需要财政拨款或补贴；有的学校和医疗卫生单位通过市场提供某些服务获得收入，属于初次分配，同时需要一定的财政拨款来维持正常工作和分配。根据这些单位的公益性和商业性程度差异，可以实行初次分配和再分配相结合的分配制度：有的以初次分配为主，再分配为辅；有的以再分配为主，初次分配为辅。

 生财有道　　　　　炒股致富渐成小概率事件

　　入股分红属于投资收入，是初次分配中按资本分配的一种形式。炒股兼有投资和投机双重性质，所得扣除正常投资收入后，溢出部分属于投机收入，最终来源不是资本增殖，而是其他股民的亏损。30多年前，我国证券市场发育之初，一些人购买原始股，后来大幅升值，结果发了财。时至今日，股市规模已经很大。2020年末，我国境内上市公司有4154家，股票市价总值797238.17亿元。新股上市要抽签，散户即使中签能买到的份数也不多，打新股赚钱非常有限。国内一些散户股民抱团炒股，甚至组织所谓"敢死队"进行投机，多数人恐怕收获不多，有的血本无归。对多数股民来说，现在和未来炒股致富渐成小概率事件。相对而言，劳动创业致富的概率高得多。

在第三产业中，金融市场对初次分配方式和结构有很大影响。要加强和改进国内金融和证券市场监管，防止国际资本特别是国际游资通过各种投机行为攫取我国财富。对西方国家的一些以获利为目的的金融衍生品应当保持必要警惕，切勿使国际融资渠道成为国民财富的外泄漏洞。

（四）大力提高企业生产一线工人工资水平

——重新认识劳动力低成本。我国作为一个发展中国家，过去长期实行低工资、低消费政策，同发达国家相比具有劳动力低成本特点，这在改革开放过程中的一个时期内成为我国发展经济的一种优势。广东作为我国经济发展比较快的一个省份，在改革开放中充分利用了劳动力低成本优势，吸引了大量外资，建立了开放型经济体系。随着广东经济不断发展，人民生活水平和教育文化程度逐步提高，劳动力低成本状态明显变化。全国不同地区劳动力成本虽然还存在差距，但是有明显上升趋势。在这种情况下，广东应当转变把劳动力低成本作为一种优势来发展经济的观念，打消提高工资引起劳动力成本上升导致外商撤资的顾虑。首先，劳动力低成本意味着低工资、低生活水平，是经济不发达的表现，我国已经全面建成小康社会，人们物质文化生活水平和劳动力成本也相应提高；其次，劳动力低成本通常是对简单劳动力而言，现代社会发展先进生产力所需要的复杂劳动力必须投入大量教育费用，不可能依靠低成本来培养；再次，过去我国劳动力成本核算并不完整，家庭和社会以家务劳动和社会服务形式无偿分担了部分成本，这部分成本在市场经济条件下也应当由企业通过工资加以支付；最后，近几年有些原来在我国发展不错的外资企业将投资转向东南亚，但是在那里的发展情况欠佳，我国市场之大是任何其他国家不可比拟的，有眼光的外商绝不会因为工资上升而退出我国市场。总之，广东要改变以劳动力低成本为优势吸引外资和发展经济的做法，支持和鼓励企业在发展生产、增加收入的基础上提高工资，理直气壮地依法维护劳动者收入利益，争取合理的工资待遇。

——防止和抑制利润对工资的侵蚀。防止资本野蛮生长，坚决查处一些企业克扣和拖欠工资的行为，引导企业尽可能按照政府提出的工资指导线增加工人工资。政府在改进为企业服务的同时，也应加强收入分配监控，参照国内外企业的平均利润率和工资水平进行必要调控，定期进行检查分析。对工资增长长期严重偏离指导线，或者从来不按指导线增加工资的企业应提出劝诫。还可以考虑在一定时期内实行企业所得税同利润增长率与工资增长率的差额挂钩，当企业利润增长率长期大大高于工资增长率，就应当适当提高企业所得税率。通过采取这些措施，努力实现利润、税收和工资同步协调增长，各种利益主体合理分享发展成果。

——缓释和消除国际资本对中方收入的挤压。在广东经济开放度高、企业收入实行跨国分割的情况下，提高生产一线工人工资水平必须充分考虑国内外两种资本、两种要素的影响。要调整和优化经济开放结构，转变外贸发展方式，改变以往不惜代价追求产品出口创汇的做法，纠正一些地方为招商引资而提供过多地方性隐性优惠的偏差。力求国内要素和国外要素平等合理参与企业收入分割，对中方投入外资企业的各种生产要素如土地、厂房和其他设备，要如实评估价值，按适当比例参加收入分割。政府有关部门和工会对企业员工要求适当增加工资所采取的合法行动应当给予引导和支持，通过法律政策咨询、调解协商帮助实现工人的合理要求。对一些地方过度发展来料加工企业，造成产能过剩和无序竞争的现状加以整顿，淘汰落后产能。采取更加有效的措施支持国内企业自主创新，掌握核心技术，发展民族品牌，建立销售网络。在保证外资企业和内资企业作为市场主体平等地位的同时，要设法防止一些外资企业通过高价进口原材料和低价出口制成品来向外转移利润。

——缩小企业管理人员与生产工人收入差距。不论是国有企业，还是其他类型企业，高管年薪都应当有所约束。国有企业可以由政府主管部门通过加强和改进管理来约束；外资企业和民营企业主要是通过政府调控、社会监督、舆论评价和工人诉求来约束。那些工人工资较低的企业，高管年薪不应太高。有些国内企业的高管年薪同著名跨国公司高管年薪相比，而生产工人工资却远远低于跨国公司工人工资，这种反差不应长期维持。

管理人员和生产工人贡献考核指标和方法不同，但是应当可以通约或折算。对某个时期内贡献特别大的企业高管和普通员工可以给予一次性特别奖励，但是高管年薪和工人工资相差数百倍是不正常的，一般企业各层级和岗位的年薪或工资最大差异应控制在一定幅度之内。

广东初次分配中的一些问题涉及经济结构调整、技术进步和劳动者素质提高等多方面因素，单独在初次分配领域是难以彻底解决的。只有着力调整和优化开放结构，加快构建以国内大循环为主体、国内国际双循环相互促进的新格局，从整体上提高产业素质和发展质量，才能从根本上解决初次分配中的问题。

第七章

再分配：惠民生调收入

　　顾名思义，再分配就是对初次分配产生的各种收入再次进行分配。一个国家的再分配包括全国性、地方性和企事业单位再分配等层次，涉及的范围之广和人员之多，不亚于初次分配。如果说初次分配主要由市场决定，那么全国性和地方性再分配主要由政府决定：各级政府对企业和从业人员的初次分配收入征收所得税、财产税和社会保险费，然后通过转移支付、建立社会保障体系和发展福利事业等途径，发给一些地区和社会成员。广东作为一个省既要执行国家再分配政策，也要实行地方性再分配。合理适度的再分配具有普惠民生、调节收入等作用，有利于实现共同富裕。

一 再分配依据和主要方式

我国是依据人民利益需要和不同地区之间、城乡之间、社会成员之间的收入差距来实行再分配，主要有转移支付、社会保险福利等方式。

（一）我国实行再分配是为了人民利益需要和缩小收入差距

2021年末，在全国141260万人口中，就业人员有74652万人，超过世界上所有高收入国家的就业人员之和。在全国总人口中，城镇约有1.3亿离退休人员，农村有数以亿计的老年人，城乡有几千万残疾人，劳动力人口中每年登记失业人员有1000万人左右。一般就业人员可以参加初次分配，所得收入用于维持自身及其家庭成员的生活；离退休人员中有些可以通过投资参加初次分配，多数人主要是从社会获得养老金，其中至少部分属于再分配所得。每个人都有超过一定年龄退出职业活动的时候，这时维持正常生活就需要通过建立社会保障体系来满足。失业人员和失去劳动能力的残疾人大多数不能参加初次分配，或者来自初次分配的收入较少，需要通过再分配从社会获得生活费或救济款。老有所养，病有所医，弱有所扶，这些都是人民利益需要，构成我国实行再分配的主要依据。

如果不同地区之间、城乡之间、社会成员之间的收入水平差距不大，那就不需要通过再分配来调节。事实上，目前我国不同地区之间、城乡之间和社会成员之间的收入差距较大，一部分社会成员通过初次分配所得收入较少，处于低收入阶层或贫困状态，需要由社会通过再分配抽高补低，对低收入群体给予适当补贴和帮助。这是实行再分配的另一种依据。

再分配涉及两方面主体：一方面是缴纳所得税和财产税等费用的单位和从业人员，他们是再分配收入的提供者；另一方面是再分配收入的获得者，主要是非就业人员和一些需要社会救助的群体。正常人的生命周期都会经历从成长到就业再到退休养老各个阶段，因而最终会成为再分配的受益者。这意味着再分配范围涵盖全社会成员。撇开用人单位内部再分配不说，全国性和地方性再分配实质上是一种国家行为，因为只有国家有权依法对初次分配收入征税并进行再分配，任何非政府组织、企事业单位和个人都无权这样做。显然，再分配中征收税费具有强制性，发放标准则要看相关地区和社会群体的收入水平。

（二）全国性和地方性再分配收入的转移特征和主要方式

一个国家的分配体系是由初次分配和再分配相结合构成的，再分配通常和初次分配、实业投资等活动交织在一起。从某种宽泛视角看，一个国家或地区的初次分配收入总会通过某种途径投入使用，劳动报酬、生产税和企业混合收入都会经历某种再分配。目前我国税收分为增值税、消费税、营业税、企业所得税、个人所得税和关税。这些税收是国家财政收入的主要来源，一部分会被分配到政府各部门作为活动经费，一部分会被分配到科教文卫等部门用于发展公益事业；企业收入会按一定比例分配后用于再生产各方面和环节；社会成员收入会被个人和家庭分配用于衣食住行用等方面的消费。这些都是初次分配收入在各种用途之间的分配，而不是在各种利益主体之间的再分配。政府和企业把初次分配所得用于生产建设活动属于投资行为，虽然严格来说不属于消费品分配，但是投资通常会有一部分会转化为消费。

再分配收入的转移特征主要有两种表现：一是收入从一种主体转移到另一种主体，国家对企业和个人征收所得税、财产税然后转移给那些低收入地区和社会成员就是如此；二是收入从一种用途转移到另一种用途，个人缴纳养老保险、失业保险和医疗保险等费用，就是把初次分配收入从现期消费转移到未来消费或特种用途消费。这两种转移分别形成再分配的两种方式，即转移支付和社会保险、福利。从中央到地方和省到地市县的转移支付通称纵向转移，从地方到地方和社会成员之间的转移支付通称横向转移。

关注点赞 全国脱贫攻坚战中的再分配

2012—2020年，我国采取包括初次分配和再分配在内的综合性举措，在全国范围内打了一场脱贫攻坚战，取得了全面胜利。中央、省、市县财政专项扶贫资金累计投入近1.6万亿元，各类扶贫信贷资金累计超过10万亿元，东部九省市共向扶贫协作地区投入财政援助和社会帮扶资金1005亿多元，东部地区企业赴扶贫协作地区累计投资1万多亿元。这些扶贫资金中有很大部分是纵向和横向转移支付，属于再分配。到2020年底，现行标准下9899万农村贫困人口全部脱贫，832个贫困县全部摘帽，12.8万个贫困村全部出列，区域性整体贫困得到解决，完成了消除绝对贫困的任务。

——参见习近平总书记2021年2月25日在全国脱贫攻坚总结表彰大会上的讲话

目前我国城镇养老基金有一部分支付发生代际转移：现期在职人员缴纳的养老保险费被用于支付前代养老金。这是因为，我国过去为了加快建设和发展，曾经对城镇企业实行低工资、高积累分配政策，制定工资标准基本依据是劳动者在职期间维持本人及其家属正常生活需要和他们的贡献大小，不含养老金成分。老一代离退休人员当年创造的财富除了一部分以低工资分配用于维持基本生活之外，大部分用于积累和建设，为改革开放后的发展奠定了必要的物质基础。他们离退休之后实行退休金制度，从社会现期创造的收入中支付退休金。改革开放后，我国逐步建立起社会养老保险制度，早年离退休人员未缴纳养老保险费，近年退休人员缴纳的养老保险费不足，按照老人老办法规定视为已缴纳养老保险费，通过社会统筹由现期在职人员缴纳的养老保险费支付，从而发生代际转移。随着我国养老体系建立健全，将来一代人可以依靠本代缴纳的养老保险费来养老；部分人自我积蓄不足，由社会统筹予以补贴。

在现代社会，一个人的终生工作收入必然包含一定的养老费。正常人在青壮年期间工作挣得的工资收入不仅应当能够维持就业期间的生活，而且应当有一定剩余或结余可以用来养老。由就业人员和用人单位分别按工资的一定比例定期提取养老费积存，费用多少实际上同就业人员的业绩贡献间接挂钩。这些养老保险金可以视为就业人员在职期间应得工资的一部分，只不过没有在就业期间发放，而是由国家强制征收后存起来，等到就业人员退休之后再支付。这样看来，养老保险费有一部分可以视为被延迟发放的工资，多少兼有初次分配和再分配成分。不过，养老保险费毕竟是对就业人员现期工资和企业收入的一种扣除，从现期消费转移到未来养老需要。如果就业人员和企业是先通过初次分配分别得到工资和利润，然后再缴纳养老保险费，那它至少在分配次序上属于再分配。医疗保险、失业保险等费用也具有这种多重属性。

初次分配依据是人们对创造财富的贡献，只有当一个人通过劳动或提供生产要素对生产做出贡献，才有资格参加初次分配。再分配中的转移支付一般不以获得者为社会做出贡献为前提，也不强求他们在获得再分配收入后对社会有什么回报，这是转移支付的一种特征。至于企事业单位再分配中的奖金、利润分享直接和间接与获得者的业绩挂钩，这种再分配不属于转移支付。

（三）企事业单位再分配方式

在我国再分配层次结构中，企事业单位具有基础地位。一般企业都要依法缴纳所得税，接受国家对收入的调节；同时依法组织员工参加社会保险，按员工工资的一定比例缴纳各种社会保险费；此外还根据企业经济效益和收益状况，采用多种方式对员工实行再分配，包括奖金、津贴、利润分享和实物分配等。

有些企业的年度奖金是应发工资的一部分，只不过没有按月计发，而是等到年度考核合格之后才发放，这种年度奖金可归入初次分配。但是有些企业拿出一部分利润来给那些有特殊贡献或业绩比较突出的员工发奖金，这种奖金来源于企业初次分配收入，属于再分配。部分企业对员工实

行利润分享制，即拿出一部分利润按照员工的业绩和贡献分配，或者给一些业绩突出的员工送干股参加分红。这种分配就其同员工业绩挂钩来看似乎属于初次分配，但是它来源于企业初次分配收入即利润，是对初次分配结果的再分配。其目的是鼓励员工更好工作，而不是调节收入。各级政府都设置了一些奖励项目，所发奖金一般也属于再分配。

企事业单位逢年过节发放的实物属于单位福利，一般是对员工实行一人一份；有的企业用盈利购买住房乃至别墅，送给那些对企业有重大贡献的特殊人才；还有的企业组织员工到国内外旅游，费用全部从企业盈利中支付。这些都是企业内部再分配的具体形式，同企业经济效益密切相关。只有效益好的企业才有条件实行这种再分配；那些效益不好的企业按时按量发工资维持初次分配已属不易，更难以实行再分配。

二　再分配的惠民生和调收入作用

一般情况下，再分配能够发挥普惠民生和调节收入的作用，有些再分配措施还可以激励人们积极工作，多做贡献。本节以全国的情况为例说明再分配的调收入和惠民生作用，后面再分析广东的再分配情况。

（一）再分配的惠民生托底作用

所谓惠民生托底或兜底，就是保证人民基本生活，使社会成员在任何情况下都有一定收入来维持生存。具体来说，就是在人们年老退休之后、因工作负伤之后、失业期间、生病治疗期间和其他特殊情况下能够通过再分配得到一定的收入，用来维持基本生活和治疗疾病，从而做到老有所养，病有所医，弱有所扶。表7-1反映了2020年我国四项社会保险的参保人数和收支情况，该表数据显示，我国已经建立起世界上单个国家参保人数最多的社会保险体系。

表7-1　我国社会保险基本情况（2020年）

指标	基本养老保险	基本医疗保险	失业保险	工伤保险
年末参保人数（万人）	99864.9	136131.1	21689.5	26763.4
当年基金收入（亿元）	49228.6	24846.1	951.5	486.3
当年基金支出（亿元）	54656.5	21032.1	2103.0	820.3
历年累计结余（亿元）	58075.2	31500.0	3354.1	1449.3

资料来源：《中国统计年鉴2021》，中国统计年鉴2021年版，第793—796页。

因为我国人口基数大，参加基本养老保险和基本医疗保险的人数超过除印度之外的其他所有单个国家的人口数，参加失业保险、工伤保险的人数也分别超过绝大多数单个国家的人口数。前两项社会保险已经惠及全国绝大多数人口，后两项保险最终是失业者和因工作负伤者受益。随着农村养老和医疗保险事业的进一步发展，这两项社会保险将惠及全体人民。虽然目前我国社会保险总体支付水平还不高，城乡居民保险项目和水平差距较大，但是毕竟通过初次分配和再分配构建了具有全民普惠性质的比较完整的社会保险体系。从表7-1看，历年收入累计结余较多，但是近年一些地方收不抵支，各地收支情况有很大差异。例如，2020年全国城镇职工基本养老保险只有北京、湖南、广东、云南、西藏、新疆收大于支，其他省、自治区、直辖市都是收不抵支；历年累计除了黑龙江出现赤字之外，其他地区尚有不同数量的结余。国家从2018年开始实行企业职工养老保险基金中央调节制度，采取各省份上解、中央下拨方式运行，带有全国统筹调节性质。

再分配的民生托底作用还惠及一些特殊人群，包括高龄人、城乡低收入群体等。2020年，全国享受老年人福利的有3853.7万人，开支517亿元；享受城市和农村低保的分别有805.1万人和3620.8万人，开支分别为527.3

亿元和1426.3亿元；享受农村特困救助的有446.3万人，开支424亿元。[①]向这些特殊人群支付的福利、低保和救助金额主要是通过再分配完成的。此外，面向孤儿、特种残疾人、乞丐等人群的救助和生活补助资金，也属于再分配收入。

（二）再分配的调节收入、缩小差距作用

我国东中西部发展不平衡，长期存在城乡二元结构，城镇居民和农村居民参加初次分配的方式不同，收入差距较大。缩小这些差距的根本办法是加快相对落后地区和农村高质量发展，增加当地居民收入，同时也需要通过再分配等方式进行收入调节。东中西部之间和省区之间的收入差距主要由中央政府通过税收和加大相对落后地区的转移支付来调节，东部对中西部的对口支援也发挥了重要调节作用；城乡之间和社会成员之间的收入差距由中央和地方政府分级调节，同时开展城市对农村的对口支援；各省内部地市之间的收入差距主要由省市地方政府负责调节。

现在我国究竟有多少人分别属于高中低收入阶层，尚无准确统计数据。根据国际上划分高中低收入等级的标准估计，把人民币收入按现期汇率转换为用国际货币计量后比较，目前我国大约有1.5亿多人属于高收入阶层；按购买力平价折算大约有2亿多人属于高收入阶层；中等收入阶层和低收入阶层各有数亿人。这种粗略估算难免有误差，但是目前社会成员收入存在高中低之分则是客观事实。再分配对社会成员之间收入的调节主要是在企业和中高等级收入阶层征收所得税，然后通过转移支付补贴给低收入阶层。因为社会保险费是以就业人员的工资为基数征收，本身有一定的收入差距，收入调节功能相对较小。目前我国所得税包括企业所得税和个人所得税，正在进行房产税试点，尚未开征遗产税。图7-1反映了2001—2020年我国企业所得税和个人所得税变化。两项所得税合计占国民总收入的比例从2001年的3.32%上升到2020年的4.76%，这表明我国所得税作为再分配

---

① 中华人民共和国民政部：《2020年民政事业发展统计公报》。

手段对初次分配调节幅度并不大。但是中央和地方政府转移支付来源并不限于所得税，全国实际转移支付总量超过所得税收入，意味着还有其他税收被用于转移支付。

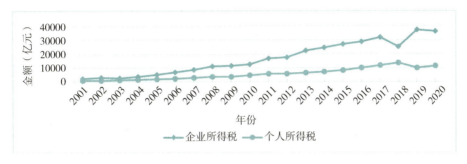

图7-1　2001—2020年我国所得税变化

资料来源：根据《中国统计年鉴2021》"各项税收"数据制作。

长期以来，中央对各省区的转移支付明显向中西部倾斜，有力促进了中西部发展。表7-2选择东中西部有代表性的各四个省份，列出了2019年中央对这些省份的转移支付决算数额，从中可以看出中央对中西部转移支付力度较大、数量较多。因为国家财政收入大部分来自东部沿海省份的税收，中央转移支付向中西部倾斜，实际上是把东部产生的一部分收入转移到中西部，这也就是邓小平同志所设想的发达地区通过多交利税等方式支持不发达地区。

表7-2　中央对东中西部转移支付情况（2019年）

单位：亿元

东部四省	转移支付	中部四省	转移支付	西部四省区	转移支付
广东	1331.17	安徽	2985.99	四川	4593.33
江苏	1430.32	河南	4156.32	甘肃	2421.94
浙江	812.8	湖北	3063.26	新疆	2699.3
福建	1210.59	湖南	3342.78	云南	3304.91

资料来源：全球经济数据网。

全国居民可支配收入中有80%左右属于初次分配所得，包括工资性收入、经营净收入和财产净收入；另外20%左右属于通过再分配得到的转移净收入。表7-3反映了2016—2020年全国居民收入来源构成情况。转移支付收入主要为中低收入阶层获得，高收入阶层的收入非但不含转移支付收入，而且是这种收入的主要提供者。

因为城镇和农村居民收入都有高中低之分，所以城乡居民人均可支配收入中都有一部分转移净收入。2020年，城镇居民可支配收入中初次分配和再分配所得分别占81.49%和18.51%，农村居民这两个比例分别是78.63%和21.37%。虽然城乡这两个比例相差不大，但是农村居民可支配收入中的转移净收入比例毕竟高出近3个百分点，这表明再分配对城乡收入有一定调节作用。

表7-3　2016—2020年全国居民可支配收入来源构成

指标		2016	2017	2018	2019	2020
可支配收入（元）		23821.0	29573.8	28228.0	30732.8	32188.8
初次分配	工资性收入（元）	13455.2	14620.3	15829.0	17186.2	17917.3
	经营净收入（元）	4217.7	4501.8	4852.4	5247.3	5306.8
	财产净收入（元）	1889.0	2107.4	2378.5	2619.1	2791.5
再分配	转移净收入（元）	4259.1	4744.3	5168.1	5683.0	6173.2
初次分配收入占比（%）		82.12	71.78	81.69	81.52	80.82
再分配收入占比（%）		17.88	28.22	18.31	18.48	19.18

资料来源：《中国统计年鉴2021》，中国统计年鉴出版社2021年版，第178页。

（三）再分配的激励作用

"重赏之下必有勇夫"这句古话在现代社会没有过时。国际上每年一度颁发的诺贝尔奖，被视为世界等级最高、影响最大的奖励。我国每年召开一次全国科学技术奖励大会，颁发国家最高科学技术奖、自然科学奖、技术发明奖、科学技术进步奖和国际科学技术合作奖。其中国家最高科学技术奖属于终身荣誉，过去由国家发给每一位获奖者500万元奖金，现在增加到800万元，可谓重奖。国家级奖项具有国家荣誉性质，把它纳入分配范畴来分析并未失敬。这些奖金由国家财政专项拨款，最终总是要用于某种消费途径，可以视为一种旨在激励科技人员努力工作的再分配方式。至于企事业单位内部各种奖励活动，可以说是再分配的常态化激励方式。

许多重大科学技术发明是由科学家追求真理的精神驱动的，他们具有为人类工作和奉献的崇高境界，即使没有任何金钱报酬和奖励也能够自觉钻研乃至终生奋斗。但是具有这种崇高境界的人在社会成员中毕竟属于极少数，芸芸众生还是在为生计而操心和劳作。从国家、社会和企业的角度来看，对做出贡献的人应当采用包括初次分配和再分配在内的方式给予必要的物质奖励。只有这样，才能鼓励人们积极向上，多做贡献，从而推动社会更快发展和进步。

第六章已经说明了初次分配中按劳分配等方式的激励作用。再分配中的各种奖励都要同获奖者的贡献挂钩，从社会范围看是对按劳分配的一种补充。初次分配中的按劳分配收入主要用于维持劳动者及其家属的日常生活，通常必须定期发放（城镇企业和党政机关是按月发工资）。只要员工考核结果达到合格标准，就可以领取正常工资。与此不同，再分配中的奖励标准要求高一些，一个单位内部的奖励要求员工在某个方面做出突出贡献，或者在考核中达到优秀等级，至少符合良好标准，才能得到奖励。国家奖励则要求在全国范围内做出突出贡献或达到某种优秀等级。可以说，再分配中的奖励要求更高，激励的专业性、针对性和导向性更强。

三 广东再分配现状

广东再分配方式和作用同全国的情况基本一致，全省城乡社会保险人均收支金额高于全国平均水平，居民收入中的转移支付却低于全国平均水平。广东作为东部沿海经济较发达的省份在同中西部一些省区市的对口支援中，再分配发挥了积极作用；企事业单位内部再分配形式丰富多样，异彩纷呈。

（一）广东社会保险体系

见表7-4，2020年广东已经建立起比较完整的社会保险体系，基金结余较多，支付有保证。但是一些中小企业员工参保率相对较低，近年来大批企业受中美贸易冲突和新冠肺炎疫情影响，生产经营显得困难重重，基本上缴不起各种社会保险费。为支持企业发展，渡过难关，广东对一些经营困难的企业实行阶段性减免社保费政策。2020年全省为306.8万家企业减免、缓缴基本养老保险、失业保险和工伤保险费1970.6亿元，向129.75万家次企业发放失业保险稳岗返还133.38亿元。这些做法减轻了企业缴费负担，同时也影响了社会保险费用征缴。2020年失业保险和工伤保险收不抵支，好在以往尚有结余，可以应付现期支付。如果以后几年还是收不抵支，就会出现保险赤字。

表7-4　广东四项社会保险参保人数和基金收入（2020年）

指标	基本养老保险	基本医疗保险	失业保险	工伤保险
年末参保人数（万人）	7530.22	6413.3	3603.43	3866.66
当年基金收入（亿元）	4141.20	199.98	80.59	29.28
当年基金支出（亿元）	3578.93	不详	238.60	72.01
历年累计结余（亿元）	12813.38	不详	473.00	232.07

资料来源：广东省人力资源和社会保障厅：《2020年度广东省人力资源和社会保障事业发展统计公报》，广东省统计局：《广东统计年鉴2021》表21-6、表21-7。

就像广东地区生产总值大部分集中在珠三角地区一样，各项社会保险的参保人数和资金大部分也集中在珠三角地区。见表7-5，2020年广东基本养老保险金和基本医疗保险金分别有75%和86%集中在珠三角地区，有的项目比地区生产总值的集中度还高。珠三角和东西北地区经济发展差距较大，社会保险费收支情况也不一致。珠三角地区保险费结余较多，东西北地区有的市收不抵支，如何通过省级统筹调节余缺是有待解决的问题。

表7-5　广东不同区域城镇基本养老保险和基本医疗保险情况（2020年）

区域	城镇基本养老保险		城镇基本医疗保险	
	参保人数（万人）	基金收入（万元）	参保人数（万人）	基金收入（万元）
珠三角	3907.59	22241477	3988.82	12940354
东翼	241.3	1535057	163.92	462284
西翼	227.85	1413842	170.89	661957
山区	348.4	2056953	254.51	944271

资料来源：广东省人力资源和社会保障厅：《2020年度广东省人力资源和社会保障事业发展统计公报》，广东省统计局：《广东统计年鉴2021》表21-6、表21-7。

国家自2018年实行企业职工养老保险基金中央调节制度几年来，广东一直是全国屈指可数的几个上解贡献的省份之一，2019、2020年上解中央养老保险金均有数百亿元。

（二）广东居民收入中的转移净收入

同全国的情况相比，广东居民收入构成中的转移净收入占可支配收入的比例低10—20个百分点。珠三角、东翼、西翼和山区居民收入中的转移净收入占比有很大差异。以2020年的情况为例，深圳和东莞两个市的居民收入中转移净收入为负值，分别为-3.5%和-0.56%，这表明两个市有横向净输出；其他地级以上城市均为纵向或横向转移收入净输入地区，按转移净收入占比从低到高排列分别为：惠州4.7%、珠海6.0%、佛山7.7%、中山8.9%、广州9.2%、江门10.9%、汕头13.6%、阳江14.1%、韶关15.6%、肇庆15.6%、清远15.9%、梅州16.1%、河源16.1%、揭阳16.9%、云浮17.1%、潮州18.2%，汕尾18.6%，湛江19.7%，茂名24.1%。珠三角地区是广东的主要税源地，居民收入中的转移净收入占比较低甚至是负值，东翼、西翼和山区居民收入中转移净收入占比较高，这说明广东转移支付对增加东西北地区居民收入发挥了明显作用。

从表7-6数据看，广东居民的工资性收入、经营净收入占比呈现下降态势，财产净收入和转移净收入占比呈现上升态势。粤东西北地区人口较少，收入较低，虽然转移净收入占比较高，但是全省居民转移净收入占可支配收入的平均比例只有6%左右。2020年，在广东21个地级以上城市中，有13个市共5212万人的人均可支配收入不同幅度低于全国平均水平，揭阳、云浮、河源、潮州等市1336万人的人均可支配收入低于同广东有对口支援关系的新疆、四川、重庆等地区。缩小这种收入差距主要依靠加快发展当地经济，设法通过再分配加大转移支付和帮扶力度也是不可缺少的。

表7-6　2016—2020年广东居民可支配收入构成

	2016	2017	2018	2019	2020
人均可支配收入（元）	30295.8	33003.29	35809.9	39014.28	41028.63
工资性收入	21361.9	23052.87	24749.04	26554.3	27824.43
经营净收入	4101.77	4420.89	4734.49	5154.72	5037.41
财产净收入	3096.49	3602.02	4131.44	4776.88	5339.06
转移净收入	1735.64	1927.5	2194.94	2528.38	2827.73
可支配收入构成（%）	100	100	100	100	100
工资性收入	70.5	69.9	69.1	68.1	67.8
经营净收入	13.5	13.5	13.2	13.2	12.3
财产净收入	10.2	10.8	11.5	12.2	13
转移净收入	5.8	5.8	6.1	6.5	6.9

资料来源：《广东统计年鉴2021》表10-1。

（三）广东对口支援和帮扶中的再分配

长期以来，广东按照中央的部署，同新疆、西藏、四川、广西、贵州、重庆等地开展了对口支援和帮扶工作；与此同时，在省内开展了珠三角主要城市对东西两翼和山区的对口支援和帮扶工作。具体支援和帮扶措施有投资建厂、技术合作、培养和输送人才、通过横向转移支付援助被帮扶地区、推销被帮扶地区的产品等。对口支援帮扶既有收入再分配，也有以捐赠方式出现的第三次分配，再分配和第三次分配往往交叉混合并行，并非泾渭分明。这里主要是从再分配角度简要介绍和分析一些情况。[①]

据不完全统计，"十三五"时期，广东共投入援疆资金153亿元，实施援疆项目204个，派出援疆干部人才3460人。到2020年底，所有对口支援的县市（师）均实现高质量脱贫摘帽目标，累计帮助23.7万贫困人口脱贫。与此同时，广东对口支援西藏林芝地区的项目169个，项目资金总额达23.4亿元。这些援疆援藏资金大部分属于转移支付，少量属于企业捐赠。广东在开展和中西部省区市对口支援的同时，珠三角9市和粤东西北12市之间也开展了卓有成效的对口支援和帮扶。前者对后者多少都有一定数量的转移支付资金，属于再分配，有些市采用多种再分配措施开展对口帮扶，取得明显成效。

深圳市对外省支援地区有新疆喀什市和塔县，西藏察隅县和察隅农场，四川德格、石渠和甘孜3县，重庆巫山县，江西寻乌县；协作帮扶地区有广西百色、河池市及其17县，云南昭通市，贵州毕节市；省内对口帮扶地区有河源市、汕尾市及其324个相对贫困村。深圳对口支援和帮扶地区共有建档立卡贫困人口204.01万，累计横向转移投入资金418.73亿元。在深圳各种扶贫方式中，采取再分配措施实行消费扶贫是一种有效方式。这种方式通过社会各界和广大市民广泛参与，购买和消费来自对口帮扶地区的产品和服务，不仅使帮扶地区的贫困人口增收脱贫，而且繁荣了深圳市场，

[①] 参见广东省扶贫办、广东广播电视台制作的纪录片《脱贫攻坚万里行》和《南方日报》等多家媒体。

保障了许多产品特别是农副产品的稳定供给。福田、罗湖、宝安、龙岗等区合计给当地居民发放消费扶贫券2300万元，撬动市民购买消费扶贫产品超6000万元；宝安区出台专项补贴政策，对企业、个体户等采购帮扶地区农特产品按采购额的20%给予补贴；市总工会举办"深圳市百万职工消费扶贫采购节"，分批发放1000万元扶贫消费券，撬动约1.5亿元扶贫消费额。这样通过给深圳市民一定补贴，扩大对被帮扶地区产品的消费需求，从而拉动这些地区经济发展和收入增加。

佛山市在2016—2020年累计向对口帮扶的湛江、云浮两市投入财政专项资金30.77亿元，单位自筹及社会资金3.04亿元；到2020年对口帮扶的湛江、云浮254个相对贫困村的相对贫困人口23583户79015人全部实现了脱贫达标。与此同时，佛山市还对西藏墨脱县、新疆伽师县、新疆生产建设兵团第三师41团、四川甘孜州乡城县和得荣县开展对口支援和帮扶工作，也取得了明显成效。

珠海市对口帮扶的省内外地区有5市（州）20县（市、区），常年外派扶贫干部400余名，累计提供帮扶资金57.92亿元，帮扶助推10.91万户42.27万人脱贫。

广州、中山、东莞等市开展省内外对口支援和帮扶工作也富有成效，这里只是简要分析广东对口支援和帮扶工作中的再分配做法，故不对各市情况详加列举。

（四）广东企事业单位的再分配

在广东对口支援帮扶中，大批企业通过收入再分配做出了积极贡献。例如，南航集团作为央企按照国家统一部署，同新疆、辽宁、吉林、湖北、湖南、广西、海南、重庆、贵州等省区市的一些乡村开展对口帮扶，取得了明显成效。又如，广州铁路集团定点帮扶茂名化州市中垌镇公居村，立足于发挥铁路行业优势，着力构建"铁路特色+产业扶贫、就业扶贫、党建扶贫、结对扶贫、精神扶贫、民生扶贫"的"1+N"扶贫体系，有效增加了贫困户收益。广大企业参加对口支援帮扶的情况将在下一章详加介绍，这里主要分析企事业单位用初次分配收入对内部员工进行再分配的一些做法，包括依法给员工缴纳各种社会保险费，用一部分初次分配收入给员工发奖金；有些企业采取员工持股等方式实现利润分享也是再分配的一种方式。

华为公司是一家由员工持股的民营企业，因率先开发出具有世界领先水平的5G移动通信技术并受到美国制裁和打压而闻名于世。该公司于1987年成立，1990—1996年以解决资金困难为主要目的，实行内部集资，开始实施股权激励计划，员工以每股1元的价格认购公司股票。1997—2001年以激励为主要目的，按照深圳市有关规定进行规范化股权改制，扩大员工持股范围和份额。改制前，华为公司本部的688名员工总计持有65.15%的股份，子公司华为新技术公司的299名员工持有另外34.85%股份；改制后，华为新技术公司、华为新技术公司工会以及华为公司工会分别持有华为公司5.05%、33.09%和61.86%的股份。员工所持的股份分别由两家公司工会集中托管，并代行股东表决权。2001年至2014年华为公司实施虚拟股权激励计划。2003年成立深圳市华为投资控股有限公司，任正非持股1.0708%，华为公司工会所持余下的股份全部转给了华为控股公司。在虚拟股制度下，员工持股权益主要就是分红和获得股价增值收益，不涉公司资产所有权。目前公司持股人数为121269人，全部为公司员工，没有任何政府部门、机构持有华为股权。早期员工是以很低的价格认购公司股票，后来扩股部分是按员工资历和贡献配股，部分是公司内部员工融资认购。为了保持员工持股的激励作用，2014年以来，公司规定了员工的配股上限，每个级别达到上限后，就不再参与新的配股。因为公司经济效益好，分红和股价增值收益均非常可观，在很大程度上是用公司盈利在员工之间进行再分配。

2018年初，格力电器公司董事长董明珠在一个"新年论坛"上表示，要让格力电器的8万员工都有两室一厅的房子。近几年，公司投资建设了3700套人才房，将首先分配给公司优秀员工，以后还将续建。2021年6月，格力电器公司宣布了一项员工持股计划，拟由员工按公司股票市价的半价认购公司以往回购的股份。这种半卖半送的持股做法，是企业为留住人才和激励员工的一种再分配方式。

　　一般事业单位如学校、医院都有一些内部奖励制度。有些学校规定教师每公开发表一篇论文、出版一部学术著作、主持完成一项课题，都按一定标准发给奖金。这种奖金来源于财政拨款或其他初次分配收入，因此可视为一种再分配。有的教师受企业或其他单位聘请去讲课，由聘请单位支付一定课酬，属于劳动所得。如果课酬计入企业成本，那就属于初次分配；如果来源于企业利润或初次分配收入，则属于再分配。有些收入项目可能兼有初次分配和再分配性质。

　　按照中央和省委、省政府统一部署，广东一些企业积极参与对中西部省区和省内东西北地区的支援和帮扶，把一部分盈利用于横向转移支付，对缩小地区差距、促进共同富裕发挥了积极作用。

四　按共同富裕要求改进再分配

　　目前广东再分配中还存在一些不足之处，其中有的问题在全国有一定普遍性，有的问题在广东比较突出，下面从促进共同富裕的视角加以分析探讨。

（一）加大再分配调节力度，把握好抽高补低适度原则

　　我国14亿多人口对财富总量产生巨大的除数效应，虽然现在经济总量按汇率折算有十几万亿美元，按购买力平价折算有二十几万亿美元或国际元，但是按人均收入排列还只是中等收入国家。北欧一些国家只有几百万人口和几千亿美元经济总量，却稳居高收入国家行列。这些国家在保持现有经济总量的前提下通过再分配调节收入，也许就能够使国民普遍富裕。与这些国家的情况不同，我国现有财富无论怎样分配，都还不足以实现共同富裕，必须通过高质量发展使经济总量翻番，同时改进分配，才可能基本实现共同富裕。为尽快增加财富总量，必须在坚持公有制为主体的同时大力发展非公有制经济，在坚持按劳分配为主体的同时实行按资本分配。

非公有制经济发展和按资本分配几乎必然使初次分配结果出现较大的收入差距。我国非公有制经济占有很大比重，初次分配中的资本收入占30%以上，城乡居民通过初次分配获得的收入差距相当大，目前看来再分配调节力度明显不足。

一个国家不同地区之间、城乡之间和社会成员之间的收入差距过大不利于社会安定和谐，最终不利于社会经济持续发展；在人们劳动能力和贡献大小有较大差距的情况下，收入差距太小不利于调动人们的劳动工作积极性，因而也不利于社会经济发展。为了促进共同富裕，既要防止收入差距过大乃至出现贫富两极分化，又要防止平均主义倾向。从某些西方国家的分配方式和高福利政策效果来看，干和不干、干多干少的收入差异不大，结果在一定程度上助长了懒惰，不利于鼓励人们积极进取。如何把握再分配抽高补低的适度原则是需要在实践中探索解决的问题。

国内外通常用基尼系数来衡量收入差距，它是根据一个国家的人口比例和收入比例的关系通过调查研究计算出来的。一般认为，基尼系数小于0.2表明收入差距过小，基尼系数大于0.4表明收入差距偏大，基尼系数在0.3左右的收入差距比较适度。我国改革开放前的基尼系数在0.2左右，2020年为0.468，[①]表明收入差距过大。由此判断，目前再分配的调节方向是缩小收入差距。

迄今为止，各种文献中反映我国收入差距的基尼系数都是根据抽样调查计算出来的，因为我国有14亿多人口，各家各户的收入数量属于个人隐私，很难准确查明。国家统计局公布的近年基尼系数有波动，没有明显下降趋势。看来有必要进一步研究反映国家范围内收入差距的指标，在全国范围内进行旨在准确了解收入差距的普查。当然，即使能够计算出更真实的基尼系数，也不能单凭这一项指标来进行收入差距调节，社会成员收入与贡献的关系、各地社会经济发展条件是调节收入必须考虑的重要因素。

---

① 《中国统计年鉴2021》，中国统计出版社2021年版，第15页。

问题对话

问：有人认为，再分配就是抽高补低，实际上是劫富济贫。这
种看法是否正确？

答：对收入的调节是通过在一定范围和幅度内抽高补低来实现
的：抽高就是按企业和个人收入多少征收所得税等税费，
补低就是通过转移支付增加低收入群体的收入。如果说补
低含有济贫成分，那么抽高绝不是劫富，因而抽高补低不
等于劫富济贫。首先，我国所得税征收对象包括企业和个
人，企业缴纳的所得税金额远远超过个人所得税。一个企
业缴纳的所得税来源于全体员工创造的增加值，其中包括
一部分中低收入员工的贡献。显然，企业缴纳所得税不能
说是劫富。其次，纳税人不一定属于富裕阶层，广大中等
收入阶层同样是纳税人，对他们征收所得税也不能说是劫
富。在社会范围内适度抽高补低是各国通过再分配缩小收
入差距的通行做法，有利于促进各地平衡发展和维持社会
安定和谐，中低收入阶层和富裕阶层都会受益。

我国不同地区之间、城乡之间、社会成员之间的收入差距是有史以
来的不平衡发展造成的，需要通过综合采取各种措施长期努力来逐步缩小
乃至消除这种差距。世界不同国家和地区的税率有较大差异，国内一些企
业通过在境外税率较低的国家或地区注册来规避国内纳税；有些人先富起
来后并不去带动他人致富，而是通过到国外大量购置房产等途径来转移收
入。这些问题似乎还没有什么特别有效的办法加以解决。

一般来说，对社会范围内收入差距的适度调节可以从收支两端掌控：
在税费收入端，主要是调整企业和个人所得税起征点和税率，适时开征房
产税、遗产税等税种，各种社会保险费与工资的比例也是可以调节的；在
转移支出端，主要是调整对相关地区和居民的支付金额、各种补贴数量。

从现在到2050年还有28年，在加快中西部发展、实行乡村振兴战略的同时，可以从两方面加大再分配力度：一是推进社会保险特别是养老和医疗保险的省级城乡统筹，为最终实现全国统筹创造条件，在发挥社会保险民生托底作用的同时增强其对收入的调节作用；二是在稳定个人所得税起征点的同时，适当增加纳税级数，提高对超高收入的累进比例。

现行个人所得税法规定综合所得税率为7级，其中第7级规定超过96万元的部分税率为45%；经营所得税率为5级，其中第5级规定超过50万元的部分税率为35%。一般国有企业高管的年度综合所得在96万元以下，大批民营企业、外资企业高管的年度综合所得大大超过96万元，社会成员中年度税后所得数百万元甚至数千万元的人占总人口的比例很小，但是绝对数不少，在群众眼中常常被视为计算贫富差距的一极。如果想在本世纪中叶之前把居民之间的收入差距缩小到适度水平，那么开征遗产税等税种和适当提高对超高收入的所得税率，恐怕是不得不做的事情。

（二）合理安排中央和地方再分配调节比例

我国再分配由中央和地方分层次实施，应当合理安排各层次调节比例。2020年中央和地方对企业所得税收入的分配比例为63.8%和36.2%，个人所得税分配比例为60%和40%。城镇企业基本养老保险金的全国调剂比例为4%左右，未来一个时期不宜再提高，否则会影响地方征收养老保险金的积极性。一些有缺口的省份主要努力方向是发展经济扩大税费来源，适当由中央财政补贴。广东等省区原来养老保险金有较多结余，但是近年许多企业生产经营遇到困难，各种社会保险费征缴难问题日渐突出，有的项目结余减少。如果各地调剂比例过高，有结余的省份势必找理由减免征缴，宁可把钱放在企业以利于发展，而不是征缴后调剂到外省。只有逐步创造条件实行全国社会保险费的统收统支，地区之间的余缺问题才可能彻底解决。

多年来，广东省珠三角各市同时承担省内外一些地区的对口支援和帮扶任务，如何统筹兼顾这种双重任务，合理配置人财物特别是财力是一个需要探索解决的问题。对外省支援和帮扶是中央下达的任务，人财物优先安排和保证。同省内外支援和帮扶的总需要相比，全省可以抽出的财力显得不足，有时甚至捉襟见肘，拿不出更多资金全面援助各个对口支援和帮扶地区。有限的财力往往优先用于支援外省，省内有的受援地区得到的帮扶资金同当地需要相比不是杯水车薪，就是供不应求。

如前所述，广东有5000多万人的人均可支配收入低于全国平均水平，有1000多万人的人均可支配收入低于接受广东帮扶的省区平均水平。从实现共同富裕的高度来看，缩小省内地区之间的收入差距和缩小全国省区之间的收入差距是同样重要的。在这种情况下，国家可以考虑适当调整广东对外省支援的范围，重点保证援助新疆和西藏等少数民族地区，其他地区的援助任务最好有所调减。这样广东可以把对外省援助的部分财力转向援助省内落后地区，加快全省平衡发展，最终培植更多税源，为国家发展做出更大贡献，同时也加快广东走向共同富裕的步伐。

（三）设法解决中小企业社会保险费征缴难问题

一些企业员工特别是外省来广东打工的人员对建立社会保险制度的认识还不到位，认为企业和个人按工资一定比例缴纳各种社会保险费减少了当前收入，他们的工作流动性大，担心缴了保险费将来拿不到或不方便拿，不如现在发现金管用，因此不愿参加上述社会保险，有的还要求企业把缴纳保险费的钱发给自己。一些私营企业主则认为：他们为员工提供了就业岗位，给了一份工资，再为员工购买社会保险，负担不起；社会保险属于公益事业，企业已经缴纳了税收，应当由政府出钱去办社会保险事业。这种认识被一些地方政府主管部门的官员理解和接受，他们也认为应当由政府拨款或投资发展社会保险事业，而不是要企业和员工去缴费。由于存在这些不正确的认识，推进社会保险工作的积极性和主动性受到一定的影响。针对这个问题，有必要通过各种途径和方式进一步加强社会保障的宣传教育，纠正三部分人的认识偏差。第一，对一些企业员工来说，纠正怕麻烦、宁愿现在拿现钱而不愿参加社会保险的认识偏差，理解参加社会保险是自己作为劳动者的重要权益，是在年老、生病、出现失业和发生工伤等情况时保护自身利益的有效办法。第二，对一些企业主来说，纠正给员工缴纳社会保险费增加企业负担的认识偏差，理解依法给员工缴纳社会保险费是企业的责任，这部分费用是企业在正常经营条件下必须支付的社会成本，归根到底来自劳动者创造的一部分财富，是工人应当得到并由社会强制征收管理、在特殊情况下使用的收入，以缴纳社会保险费增加成本为由拒绝支付既违法也不合理。第三，对一些官员来说，纠正社会保险费应当由财政拨款的认识偏差，理解社会保险费用最终只能来源于劳动者创造的社会财富，从企业和员工收入中按一定比例扣缴是国际通行方式。如果完全由财政拨款支付，势必要开征社会保险税，这同样会增加企业纳税负担。

 存款取息话保险

> 城乡居民存款取息是一种再分配方式。银行把储户存款集中起来贷给工商企业，获得贷款利息，这是一种投资行为和收入，属于初次分配。银行用一部分贷款利息支付存款利息，是对初次分配所得的再分配。如果说银行给工商企业贷款是直接投资，那么居民存款取息则是以银行为中介的间接投资。目前我国多数居民家庭收入都以一定积蓄，合理分配现期消费和储蓄，将一部分收入用于定期和活期储蓄，是一种安全的生财途径。从业人员参加社会保险，个人缴纳的保险费通过建立个人账户集中存起来也有利息，可以增值。广东社会保险基金总额不小，通过专项定期储蓄使之不断增值，有助于提高社会保障水平。

为了提高中小企业员工参保率，解决社会保险费征缴难问题，必须千方百计帮助中小企业发展。只有企业发展了，收入来源有保证，才有条件发展社会保险事业。要落实国家对符合条件的中小企业减免城镇土地使用费以及对符合条件的小型微利企业减征所得税的政策；对已经设立的中小企业专项资金，要重点用于扶持公共服务平台建设、技术创新和技术改

造。广东社会保险费历年累计结余较多，可以在保障基金安全的前提下进一步做好理财增值。现在看来，企业给员工缴纳的社会保险费比例可以同利润率或其他经济效益指标挂钩，在利润率高的年份可以实行较高比例，反之则实行较低比例。有些企业长期经济效益较好，可以在缴足一定年份后按法定缴纳比例计算退还多缴部分。如果企业经济效益长期不好，在市场机制作用下应当被淘汰，长期依靠减免各种法定税费来维持生存不利于提高经济发展质量。

（四）引导企业积极合理开展再分配

企业是实行再分配的重要主体和基层单位。一方面，企业要依法给员工缴纳各种社会保险费，根据收入情况缴纳所得税；另一方面，企业可以给员工发奖金，实行利润分享制等。企业积极合理参加和实行再分配，既能够发挥对收入的调节作用，还可以鼓励员工积极工作。

毋庸讳言，有些私营企业和个体工商户存在偷漏税行为，税务部门不易掌握这些企业的营业情况。特别是在服务业有大量从事餐饮、运输和零售的个体工商户、个体从业人员，他们维持经营和生存实属不易，对纳税的常见态度是尽量少缴，最好不缴。有些个体企业按正规发票金额纳税，但是一些小规模商店卖货并不开发票。如果购买者索要发票，卖者就会按税额提高售价，这样一般小件买者就会不要发票，使得发票总金额不反映实际营业额。因为产品批发价和零售价之差有很大伸缩性，按企业批发金额收税也难免有漏洞。看来如何加强和改进中小企业征税管理是个难题。相对来说，对工薪阶层的所得税征收比较规范，由工作单位每月按工资额扣除就行了。借助现代信息化手段和网络平台，应当能够找到加强和改进税收监管的有效办法。

一些经济效益较好的企业实行员工持股和利润分享制，有利于增强企业对员工的凝聚力，调动员工的劳动工作积极性，是值得大力倡导的再分配方式。至于企业向社会的捐赠和资助，按现在流行的划分被归入第三次分配，这是下一章要分析的内容。

第八章

第三次分配：讲奉献促共富

　　自古以来，无数仁人志士秉持"天下大同"信念，仗义疏财，扶弱济贫，形成了中华民族乐于奉献的道德基因。这种道德基因在我国社会主义条件下不断复制和改良繁衍，构成第三次分配和促进共同富裕的一种强大动力。随着我国财富不断增长和积累，一部分地区和社会成员先富起来，许多企业和个人自愿捐献大量财物，帮助和带动其他人增收致富。在广东珠三角地区同中西部一些省区和粤东西北地区的对口支援中，一些企业、社会团体和城乡居民捐赠了大量资金，对受援地区和家庭脱贫做出了重要贡献。不论捐赠者的主观意愿如何，各种捐赠活动的客观效果缩小了贫富差距，相对于初次分配和再分配而言被称为第三次分配。在全面建设社会主义现代化国家新征程中，必须大力弘扬奉献精神，构建同初次分配和再分配协调配套的第三次分配制度，更好发挥它对促进共同富裕的独特而重要的作用。

一 第三次分配的内涵和特征

捐赠、资助和慈善事业古已有之，但是古代和近代生产力欠发达，社会上的富裕人员较少，他们的捐献金额对收入的影响还不能同初次分配和再分配相提并论。现代社会财富总量巨大并且不断增长，富裕人员及其捐赠金额越来越多。目前我国高收入和中等收入人口累计有数亿人，全国形成了包括大批民营企业在内的数千万企事业单位，捐献财物数量相当可观，第三次分配不仅成为一种相对独立的分配方式，而且蕴含巨大潜力。

（一）第三次分配的内涵

过去多把捐赠视为个人行为，就像亲友之间逢年过节送红包一样，没有当作独立的分配方式。1991年，北京大学厉以宁教授在一篇论文中分析了影响收入分配的三种力量，即市场力量、政府力量和道德力量。他认为市场力量主导初次分配，政府力量分别影响初次分配和再分配，道德力量影响初次分配和再分配结果的用途和使用去向，把由道德力量主导的分配称为第三种分配。[①]

第一次或初次分配是在市场决定资源配置的条件下，按劳动和土地、资本等生产要素的贡献进行分配，市场对分配主体行为、依据和数量起基础性和决定性作用；第二次或再分配包括经常转移和社会保险活动，是在政府作用下进行的，实质上是政府行为；与初次分配和再分配不同，第三次分配中的捐赠活动主要是依靠道德力量驱动的，企业和个人是否捐赠、捐赠多少，主要取决于捐赠者的认识和意愿，取决于他们的道德觉悟。当然，捐赠财物必须是合法收入，如果是单位或集体接受捐赠后分配到个人，具体分配方式必须遵守国家法律和政策。三次分配都要依法办事，直

[①] 厉以宁：《论共同富裕的经济发展道路》，《北京大学学报》（哲学社会科学版），1991年第5期。

接或间接受到政府影响，但是政府对它们的影响方式和力度有明显差异。

一般来说，初次分配在前，再分配在后，这种时间顺序是比较明确的，可以分别称为第一、二次分配。有些企业和个人把再分配所得用于捐赠，由此引起的收入变化在时间上处于再分配之后，形成第三次分配；还有些企业和个人把初次分配所得用于捐赠，时间顺序和再分配同步，单纯按时间排序似乎属于再分配范畴。虽然三次分配以"次"排序，但是各次分配的一些收入支出项目发生时间不一定有严格的先后顺序。因为三次分配是按主导分配的三种力量进行分类，初次分配和再分配是较早形成的概念，先后顺序比较明显，后来按主导力量差异划分三种分配，把由道德力量主导的第三种分配称为第三次分配，同初次分配和再分配形成一个序列是可以理解的。

关注点赞

> 腾讯公司在2021年有两项举动引起人们普遍关注和点赞：一是4月份宣布实施"可持续社会价值创新"项目，投入500亿元，用于基础科学、教育创新、碳中和、FEW（食物、能源与水）、养老科技和公益数字化等领域的前瞻性探索；二是在8月份宣布实施"共同富裕专项计划"，再拿出500亿元，用于带动低收入群体增收、帮助医疗救助完善、促进乡村经济增效、资助普惠教育共享等，切实带后富，帮后富。这两项计划总投资1000亿元，有些项目属于腾讯公司的投资活动，不属于收入分配，但总体上是在社会主流舆论感召和激励下采取的旨在促进经济社会发展和共同富裕的行动。如果计划资金全部到位，可以视为第三次分配的范例。

2019年，党的十九届四中全会文件提出"重视发挥第三次分配作用，发展慈善等社会公益事业"。这是党中央全会文件首次明确采用第三次分配概念。2021年8月17日，习近平总书记在中央财经委员会第十次会议上发表重要讲话，提出构建初次分配、再分配、三次分配协调配套的基础性制度安排，强调了第三次分配在推动共同富裕中的重要作用。[①]近年来，第三次分配成为热点话题，理论界和各种媒体发表了大量解读和阐释文章。有些学者对第三次分配内涵的认识还有异议，可以继续研究。但是党中央和习近平总书记已经肯定并采纳了第三次分配概念，在实践中不宜再争论了，而应当积极探索和推行。

（二）第三次分配的主要特征

同初次分配和再分配相比较而言，第三次分配有几个特征。

1. 第三次分配主要由道德力量驱动和调节。道德是一种意识形态和行为规范，通过社会舆论的是非评价、优劣褒贬对人们的行为起激励和约束作用。人们知道，法律是由国家制定和实施的具有强制约束力的行为规范。如果一个人违反了法律，就会受到相应处罚。同法律相比，道德是非强制性行为规范。在一个有良好风尚和道德习惯的社会里，如果一个人不遵守社会公认的道德规范，做了有损于社会或他人利益的事情，但是并不违法，不能追究法律责任，这时可以通过社会舆论给予批评甚至谴责；相反，如果一个人做了有利于社会和他人的好事，增进了社会和他人利益，人们就会给予称赞和表扬，经常做好事的人可能被评为道德模范。现代社会媒体非常发达，特别是在手机和自媒体普及的时代，一个人在公共场所的行为随时处于摄像头和手机拍摄的视野之内，是非优劣可能随时受到批评或点赞，从而对人们的行为产生无形的激励和约束作用。在我国社会主义条件下，道德的具体内容非常丰富，诸如尊老爱幼、扶弱济贫、知恩图报、诚实守信，都属于主流道德内容。第三次分配就是在社会主流道德力量驱动下产生的一种分配方式，这是它区别于受法律和政策严格约束的第一、二次分配的一个特征。

2. 第三次分配中的财物捐献和收受均属于自愿行为。第一、二次分配

---

① 习近平：《扎实推动共同富裕》，《求是》2021年第20期。

都有一定的强制性：在初次分配中，企业必须依法给劳动者支付工资，给通过市场交换提供其他生产要素的机构和个人支付相应的收入；在再分配中，国家依法对企业和个人征收所得税，征缴社会保险费，都属于强制行为。与此不同，第三次分配是通过道德文化的引导、个人良心的驱使和社会爱心的推动以及社会相关政策和制度的支持，自愿通过捐赠、慈善和志愿服务等方式，开展对低收入群体的帮扶和济困，不是国家和任何外部力量的强制要求。2016年颁布的《中华人民共和国慈善法》明确规定："开展慈善活动，应当遵循合法、自愿、诚信、非营利的原则。"该法强调了政府的引导责任，从政策机制上对企业和个人进行鼓励，践行社会主义核心价值观，弘扬中华民族传统美德，依法开展慈善活动，在社会上营造良好的公益慈善文化氛围。既然第三次分配是自愿行为，那么一个单位和个人是否把部分收入捐献给社会和他人，是否有慈善行为，就不受法律、社会组织和他人强制。任何个人和组织无权强迫他人捐献。当然，现实情况是非常复杂的，人们从事某种活动的自愿程度有差异。有些个人行为是完全自愿的，还有些行为是部分自愿，部分受到外部力量的鼓动乃至驱使。第三次分配中的捐献活动有些是完全自愿的，有些是在社会主流意识形态的感召下和政府宣传活动的引导下发生的，不一定完全自愿。但是第三次分配的捐赠至少含有一定自愿成分，不能强制执行。

3. 第三次分配中的收入分配属于无偿转移。初次分配收入支出属于有偿转移，主要是通过市场交换实现的；再分配中的所得税属于强制无偿转移，社会保险费中社会统筹调节部分也带有强制转移性质，最终支付给参加社会保险者的那部分费用的所有权没有在不同主体之间发生转移。第三次分配收入总体上属于自愿无偿转移，即从捐赠者转向受益者，不求偿还和回报。有些捐赠者对社会的贡献比较大，可能受到社会表彰和舆论颂扬，但是捐赠者不一定有这种意图；即使有获得某种荣誉和名声的想法，那同捐赠金额之间也不一定有必然联系，更不构成等价交换。

4. 第三次分配形式比初次分配和再分配更加丰富多样，往往和投资活动结合在一起，还可以和再分配结合进行。第三次分配结果一部分是直接增加收受者的收入，另一部分是通过促进相关地区和单位经济发展来间接增加当地居民收入。初次分配和再分配收入主要是货币价值形态，第三次分配的财富转移不仅有捐赠现金，而且还包括单位和个人提供的某些实物和旨在增加受益者收入的志愿服务。数字化技术为第三次分配中公益慈善行为开辟了新的方式和渠道，例如网络捐赠、社交平台捐赠和众筹方式。目前第三次分配范围从最初的扶贫济困逐步扩展到教育、医疗、文化、体育、养老等诸多领域，惠及民生领域各类公共事业。

二 第三次分配中的奉献精神[①]

一个国家或地区推动共同富裕不仅需要科技力量、市场力量、政府（国家）力量，而且需要包括道德在内的文化力量和奉献精神。三次分配分别由市场机制、政府作用和道德力量主导，其中第三次分配主要是由道德力量和奉献精神驱动的。无法想象，在人们普遍缺乏奉献精神的社会里能够广泛实行第三次分配并由此推动共同富裕。一个人的奉献精神不是与生俱来，而是在家庭和社会教育培养下逐步形成的。有一种流传甚广的观点认为，人的本性是自私的，奉献精神不符合人的本性，因而不是人们行为的终极动力。本章分析第三次分配，如何看待奉献精神是绕不开的话题。

（一）利己经济人假设的局限

英国古典经济学家亚当·斯密认为，生产者提供商品完全是出于利己动机，"他追求自己的利益，往往使他能比在真正出于本意的情况下更有效地促进社会的利益。"[②]这些观点主要对经济行为而言，构成西方经济学中利己经济人假设的基本内容，实际上反映了近代资本主义社会经济活动

---

① 本节内容参见郑志国：《人类社会发展规律研究》，人民出版社2021年版，第五章。

② 亚当·斯密：《国民财富的性质和原因的研究》上卷，商务印书馆1974年版，第14页，下卷第27页。

的利益取向。斯密认为人的经济活动出于利己动机，并不否认人在其他活动中存在利他心态和行为："无论人如何被视为自私自利，但是，在其本性中显然还存有某些自然的倾向，使他能去关心别人的命运，并以他人之幸福为自己生活所必需，虽然除了看到他人的幸福时所感到的快乐外，他别的一无所获。"①这是斯密分别从经济学和伦理学角度观察人的行为所形成的看法。

马克思恩格斯在《共产党宣言》中对资产阶级利己观念有所分析："你们的利己观念使你们把自己的生产关系和所有制关系从历史的、在生产过程中是暂时的关系变成永恒的自然规律和理性规律，这种利己观念是你们和一切灭亡了的统治阶级所共有的。"②利己经济人假设实质上是资产阶级利益观的理论形态，它不仅把资本主义生产关系说成是永恒的，而且试图构建种种模型来证明它是最优的。用马克思主义观点来分析，资产阶级利益观及其理论形态是同资本主义社会条件相联系而存在的，它没有永恒性和普适性，最终必将随人类社会发展而变化，为社会主义利益观所取代。

即使对资本主义社会的情况来说，利己经济人假设对利己和利他关系的认识也带有片面性。事实上，一个人从事经济活动完全可以同时具有利己和利他两种动机，即他从事经济活动既是出于自己利益的需要，同时也是为了给他人带来好处；现代社会一些个人和企业抱着热心为顾客服务的动机从事经济活动，最终给自己带来的利益超过那些完全出于自私自利动机的经济主体，这是常见的事实。有些企业家说现在赚钱是为了将来更好地为社会服务和奉献，他们在创业时期利己倾向较强，在取得较大成就后则表现出较强的利他倾向。只要一个人终身创造的财富大于他本人所消耗的财富，就存在为他人或社会提供一定剩余的事实，至于这个剩余是利己行为的结果，还是利他动机的奉献，通常难以检验。对经济主体行为是否

---

① 亚当·斯密：《道德情操论》，中国社会科学出版社2003年版，第3页。
② 《马克思恩格斯选集》第一卷，人民出版社1995年版，第289页。

具有利他性，主要还是应当根据行为目标和结果来判断，猜测和臆断各种利他行为背后都隐含利己动机未必符合实际。中国社会科学院程恩富教授分析了利己经济人假设的误点，提出了利己和利他双性经济人假设，对社会主义社会的经济主体行为具有较强的解释力，可以用来说明第三次分配的行为动机。[①]

在早期和近代资本主义社会，经济主体多数是自然人；在现代资本主义社会的经济主体中，消费者依然主要是自然人，生产者就其数量来说绝大部分也是自然人，但是绝大多数产品却是由法人企业生产和提供的。在西方主要发达国家，法人企业资产和增加值占社会总资产和国内生产总值的绝大部分。虽然法人是由自然人在一定制度条件下组成的，但是毕竟具有与自然人不同的行为特点。有些法人单位的主要职能就是为社会提供具有利他性质的服务，如果这些法人企业不提供利他服务，就失去了存在意义。对现代社会包括自然人和法人在内的经济主体来说，利己和利他动机具有同等重要性，二者在适当的制度条件下可以相互促进，共同发挥作用。单靠利己动机不足以构成现代经济运行的完整动力体系。现代经济活动中的某些自私自利行为产生的外部负效应是如此之大，以致对社会利益造成的损失超过个人所获得的利益。这条路实际上走到了尽头。

（二）奉献与互利共赢

奉献是一个兼有经济学和伦理学含义的概念，通常是对一个人和社会或他人利益得失的比较而言。如果一个人的某种自觉行为增进了社会或他人利益，没有给自己带来任何利益，甚至减少乃至牺牲了自己的利益，那可以说是无私奉献；如果一个人的行为同时增进社会和自身利益，不减少他人利益，那也有一定的奉献。对社会财富分配而言，一个人在维持自身及其家庭成员正常生存和发展的前提下，将自己所有的部分财物捐赠给社会和收入相对较低的人，无疑是一种奉献。虽然这种奉献减少了个人收

---

① 程恩富：《现代马克思主义政治经济学的四大理论假设》，《中国社会科学》2007年第1期。

入，但是在个人可承受范围内，有助于增加社会和他人福利，最终会给整个社会带来更大利益。

讲奉献丝毫不否认个人利益。在一般情况下，个人利益、社会利益和他人利益不仅可以并存和兼顾，而且在一定条件下可以相互促进。对两个以上的人或利益主体来说，当所有人都有奉献精神时，通过合作可以实现互利共赢，同时增加各方利益，结果只有赢家，没有输家。在某些特殊情况下，三种利益可能发生冲突，这时讲奉献就要求把社会利益、他人利益置于个人利益之上，为保护和增进社会利益、他人利益，在某种程度上牺牲或减少个人利益。当然，最好是在不减少个人利益的情况下增进社会或他人利益，这正是人类社会不断发展和努力的方向。一旦三种利益在特定场合未能避免发生冲突，自私的人可能优先考虑个人利益，放弃乃至损害社会或他人利益；具有奉献精神的人则会选择保护社会或他人利益，放弃或牺牲个人利益。

1835年，17岁的马克思在中学德文考试作文《青年在选择职业时的考虑》中写道："在选择职业时，我们应该遵循的主要指针是人类的幸福和我们自身的完美。不应认为，这两种利益会彼此敌对、互相冲突，一种利益必定消灭另一种利益；相反，人的本性是这样的：人只有为同时代人的完美、为他们的幸福而工作，自己才能达到完美。""历史把那些为共同目标工作因而自己变得高尚的人称为最伟大的人物；经验赞美那些为大多数人带来幸福的人是最幸福的人……"（《马克思恩格斯全集》第1卷，人民出版社1995年版，第459页）马克思从来不否认、不贬低个人利益，他充分认识到追求个人利益是人生的一种取向和选择，但是他本人崇尚通过为人类谋幸福来实现个人利益，力求把个人利益融入人类利益，并且终生践行这种初心和使命。

在商品生产交换中，一般生产者出于利己动机去生产某种商品，但是商品使用价值不是用来满足自己的需要，而是通过交换去满足别人的需要；只有在交换中实现商品价值，才能实现自身利益。凡是具有一定理性的生产者都必须按消费者需要来进行生产，让使用价值尽可能适应消费者需要，这种行为在客观上带有一定的利他性，多少会影响生产者的行为动机。如果生产者处于非理性状态或理性不足，以致不关心消费者利益，就很难使产品适应市场需要，结果其价值难以实现，他自身的利益也就得不到保证。在现代市场经济中，一般企业行为多少存在一定的利己倾向，但是受到各种法律道德的约束，必须从五个方面考虑消费者利益：一是按照消费者需要来决定生产什么和生产多少；二是不断提高产品质量和开发适销对路的新产品；三是为消费者提供尽可能周到的售后服务；四是注意保护环境，尽可能消除外部负效应；五是以纳税等方式向社会无偿提供一部分剩余价值。这些要求通过市场竞争和法律道德的作用来实现。

有些公司的利他行为可能从属于利己，或者说利他最终是为了利己；有些公司的利他行为并不从属于利己，而是二者兼容；有些企业家甚至认为暂时利己是为了长久利他。企业在不同发展阶段上表现出来的利己和利他倾向有差异。一般来说，在创业时期，特别是在资本原始积累时期，利己倾向较强；当企业做大做强后，利他倾向通常有所增强。如果说早期和近代社会的经济主体以利己倾向为主导，利他倾向带有从属、局部、少数和短期特点，那么现代企业的利己和利他倾向显露某些消长迹象：利己倾向有所消减，利他倾向有所增强。虽然现在还难以预料两种倾向的消长趋势，但是从国内外一些著名的公司制企业作为经济人的营销理念和行为来看，利他倾向通常不弱于利己倾向，有时甚至发挥主导作用。这不是说企业不再追求自身利益，而是说利己与利他在一定范围内得到兼容。

广东天农食品公司总裁和创始人张正芬精心打造清远鸡品牌，秉承"诚信共赢"的公司核心价值观，围绕"经营天下农产品、助天下农民获利"的理念，承诺无论市场风险如何，公司均保价回收合作农户养殖的合格肉鸡。前几年突发人感染N7H9禽流感事件，一时间人们谈鸡色变，不买不吃。张正芬自觉履行社会责任，用自己的房产抵押，坚持按时保质回收农户肉鸡，农户每年从公司获得总收入超过8000万元。广东富绅集团在企业转型中，不但寻求自身高质量发展，而且积极帮助行业企业抱团发展。从2018年开始，该集团与广东23家纺织服装行业联合组建了"众衣联"供应链服务平台，共享行业信息和大数据，打通上下游产业链，建立内部市场，实现共享发展。该集团董事长陈成才说："富绅对社会的回报，不是馈赠，也不是故作大方，是实实在在发自内心的。"广东健诚高科玻璃制品有限公司詹建怀讲："小平同志说过，改革开放，就是要让一部分人先富起来，然后帮助大家走上共同富裕道路。我应该说是先富起来的人，带动大家共同富裕，我责无旁贷。"据不完全统计，詹建怀为社会公益捐赠已超过1亿元，先后被评为全国劳动模范、全国扶贫先进个人。[①]这些事例说明，真诚奉献就在我们身边，就在社会最需要的地方。

（三）实行第三次分配和推动共同富裕必须大力倡导奉献精神

如果说资本主义社会造就了以利己为突出特征的经济人，那么社会主义社会要求培育能够兼顾利己和利他的新型经济人，大力倡导奉献精神。这对于通过实行包括第三次分配在内的各种措施来推动共同富裕是非常必要和完全可能的。

俄国十月革命胜利后，莫斯科等地方的工人为迅速发展生产，曾自发组织共产主义星期六义务劳动，表现出一定的奉献精神。对此，列宁给予了高度评价："这是比推翻资产阶级更困难、更重大、更深刻、更有决定意义的变革的开端，因为这是战胜自身的保守、涣散和小资产阶级利己主义，战胜万恶的资本主义遗留给工农的这些习惯。当这种胜利获得巩固时……那时，而且只有那时，退回到资本主义才不可能，共产主义才真正

---

① 广东省工商联合会：《辉煌粤商40载》，广东人民出版社2018年版，第186、332、365页。

变得不可战胜。"①这段话在今天读起来耐人寻味。列宁在20世纪20年代创立的世界上第一个社会主义国家，曲折发展了70余年，到90年代初竟然解体，又退回资本主义。其原因非常复杂，在经济上没有处理好个人利益与社会利益关系是原因之一。列宁认为，只有战胜利己主义，才能防止退回资本主义。这一观点值得深思。

社会主义社会必须重视并努力实现合理的个人利益，消费者和生产者行为都具有一定的利己倾向；同时，社会主义社会强调集体和社会利益，反对极端个人主义或利己主义。如何培育兼顾利己和利他的新型经济人，是需要在理论和实践中不断探索的问题。在中国传统计划经济体制下，一度实行比较单一的公有制，急于消灭私有制，全民搞"斗私批修"，非但不利于发展生产力，反而造成很大损失和浪费。改革开放以来，中国逐步走上了发展社会主义市场经济的轨道，培育新型经济人成为必要和可能，但是社会上流行的一些言论似乎又走到另一个极端，以致否定利他行为。

毫无疑问，社会主义市场经济中的经济人依然会追求自身利益，必须通过各种法律政策保护人们的合法个人利益，鼓励人们通过追求个人合法利益来更好地为企业和社会工作，防止和抑制损人利己行为。同时，国家有必要通过法律政策和经济体制改革，帮助各类经济人培育奉献精神，鼓励利他行为。广大先进分子的奉献精神和利他行为不必说，各种类型企业在不同条件下表现出有差异的利他倾向。一般来说，私有制企业的利己倾向较强，利他倾向较弱；公有制企业也有一定利己倾向，但是相对于私有制企业来说，利他倾向较强，国有企业尤应如此。企业行为倾向与其发展阶段、状况和管理者素质有一定关系，企业发展状况好，管理者素质高，往往表现出较强的利他倾向；反之亦然。

国内有关机构就企业社会责任问题在全国范围内对4600多位企业法人代表进行了问卷调查，在调查对象中，87.4%的人认同企业的根本责任是"为社会创造财富"，67.9%的人认同企业的根本责任是"为股东创造利

① 《列宁选集》第四卷，人民出版社2012年版，第1页。

润"。①这两个项目可同时选择，因此调查结果有部分重合。企业为社会创造财富作为一种行为动机具有利他倾向，为股东创造利润具有利己倾向，二者显然可以兼容。有些企业树立绿色环保理念，走上清洁生产道路，不惜减少盈利来投入大量经费治理污染，力求减少乃至消除外部负效应，表现出值得赞赏的利他倾向。当然，极端利己和损人利己的企业行为也大量存在，塑造和培育新型经济人任重道远。

实行第三次分配和推动共同富裕不要求人们普遍做到无私奉献。如果一些先进分子在必要时能够做到无私奉献，越来越多的人能够统筹兼顾国家、集体和个人利益，在不影响自身正常发展前提下适度奉献，就可以为实行第三次分配和推动共同富裕创造有利条件。

（四）第三次分配不是劫富济贫

本书第七章简要说明了再分配中的适度抽高补低不等于劫富济贫；这里还需要进一步说明第三次分配不是劫富济贫，也不能搞劫富济贫。

在不同社会条件下，劫富济贫有不同性质和含义。在奴隶社会、封建社会和资本主义社会，剥削阶级无偿占有了劳动人民创造的财富，对前者实行劫富济贫是正义的、合理的。中国历史上的农民起义提出均贫富、劫富济贫有其合理性。在新民主主义革命中的第二次国内革命战争即土地革命时期，红军曾组织农民打土豪分田地，这些做法在当时的历史条件下既是充分合理的，也是十分必要的。社会主义革命和建设就是要消灭剥削，通过解放和发展生产力，最终实现共同富裕。

此一时彼一时。新中国成立以来，社会性质、阶级关系和财富分配状况都发生深刻变化，旧社会的剥削阶级早已消灭，社会主义制度早已建立并逐步完善，人民生活经过从贫困到温饱再到全面小康的递进，正朝着共同富裕方向前进。国家鼓励社会成员通过勤奋劳动和合法经营致富，自改革开放以来实行了通过部分先富带动共同富裕的战略和政策。一部分社会

---

① 中国企业家调查系统编著：《企业家看社会责任》，机械工业出版社2007年版，第8页。

成员利用国家创造的各种发展条件，依靠自己的聪明才智，通过艰苦奋斗为社会创造了巨大财富，提供了大量就业机会，增加了他人收入，在这个过程中自己成为先富起来的人。他们为社会创造的总财富在数量上超过自己得到的收入，对社会有所奉献。他们的合法收入理应得到保护，绝不能搞劫富济贫，否则就会挫伤包括先富阶层在内的广大劳动者的积极性，不利于实现共同富裕。当然，有些人通过非法或违法途径获得大量财富，就其拥有的财富数量而言也进入富裕阶层，对这些人的非法收入依法予以没收另当别论，也不是什么劫富济贫。

问：有些媒体言论和影视作品把个别富翁说得很坏，是否存在"仇富"现象？

答："仇富"的说法不准确，有几点需要澄清。第一，有些议论指责那些非法致富行为，并非针对合法致富的人。我国法律政策是逐步完善的，在改革开放前期，法律没有禁止某些经济活动，但是后来制定的法律禁止或限制这些活动。有些先富起来的人在创业时期可能从事过当年法律尚未禁止的这类活动，后来实施的新法律对以往这类活动没有溯及力，不应以新法律为依据去挖掘某些先富者的所谓"原罪"。第二，有的人富起来之后奢侈浪费，到处炫耀，甚至把大量财富转移到国外，而不是去带动他人致富，由此引起人们的不满是可以理解的，不能说是"仇富"。第三，现实中人们的致富机会和条件存在差异，有些做出重大贡献的科学家、专业技术人员和普通劳动者由于种种原因而未能先富起来，这可能引发某些意见，不等于"仇富"。第四，道德是通过社会舆论和人们的评价起作用的，由此形成第三次分配的动力。但是各种议论要尊重事实，遵守法律，不要根据谣言和误传来发表议论。现在手机上有大量匿名或化名发表的议论，在是非不明的情况下最好不要转发。

如前所述，第三次分配中的财物捐赠和收受都是自愿行为，绝不能说是"劫"。著名企业家曹德旺先生自觉给社会的各项捐款累计达一百几十亿元，出于对国家的感恩、对社会的回报，表现出高尚品德。腾讯公司在2021年8月宣布提供500亿元资金，启动"共同富裕专项计划"，是在习近平总书记关于推动共同富裕讲话的感召下所做的自愿选择。下面将会介绍广东实行第三次分配中的一些案例，总体上都是自觉自愿的。有些单位组织捐献活动可能出现了某些不恰当做法，但是第三次分配绝不是，也绝不能搞劫富济贫。

三 广东第三次分配的做法和经验

广东第三次分配主要从两方面展开：一是发展慈善公益事业，二是在区域之间、城乡之间的对口支援帮扶中组织企事业单位和城市居民开展捐献活动。下面介绍广东第三次分配的一些做法和经验，分析一些案例。

（一）积极发展慈善事业

近年来，广东实行了一些支持慈善事业发展的新举措，各地开展了一些创新性慈善活动。2020年5月发布《广东省推动慈善事业高质量发展若干措施》，内容分为21条，包括培育慈善主体、拓宽参与渠道、激发慈善活力、弘扬慈善文化、加强监督管理、健全保障机制等等。广东省民政厅数据显示，截至2021年7月底，全省慈善组织一共有1477家，公募慈善组织176家，全省慈善信托41单，慈善信托备案金额7.1亿元。在"十三五"期间，全省累计筹集福彩公益金305亿元。在历年广东扶贫济困日活动中，广东省慈善总会共筹募善款47亿元。在近年来抗击新冠肺炎疫情期间，社会各界捐款捐物超过60亿元，向湖北捐赠款物25亿元，为全国抗疫工作提供有力支援。

广州现在有慈善组织180多个，社工站203个，持证社工约2.4万人，设立社区慈善基金超过350个，设立"时间银行"站点超过200个，培育超过100万名社区志愿者，构建了"社工+慈善+志愿服务"机制，形成了"人人可慈善、人人为慈善、人人做慈善、人人分享慈善"的良好氛围。2016—2020年，广州市慈善捐赠额年增长率均超过10%，"爱心GDP"排名全国第二。2021年，广州企业捐赠总金额达6.8亿元，企业志愿服务经济价值超过16亿元。[①]

何享健先生是美的集团创始人，他于2017年在佛山顺德公布了60亿元慈善捐赠计划，捐出其持有的1亿股美的集团股票和20亿元现金，注入其担任荣誉主席的广东省和的慈善基金会，用于支持在佛山乃至全省、全国的精准扶贫、教育、医疗、养老、创新创业、文化传承等多个领域的公益慈善事业发展。何享健先生通过捐赠在自己的家乡建设了两个慈善项目，一个是位于北滘的和园，一个是顺德善耆家园养老院。他用前半生打造了"美的"家电集团，过了花甲之年又开创了"和的"慈善事业，奉献精神非常可贵。

广东公益恤孤助学促进会从2004年5月15日成立至今，先后帮助省内36个县34320名孤儿和贫困学生。截至2021年8月底，恤孤助学会累计资助治疗3285个病童，金额4755万元。17年来已累计募捐超2.2亿元，主要用于资助孤儿、贫困学生以及大病儿童。该促进会创始人王颂汤先生现年83岁，是广东省政协原委员、广州远洋运输公司原总经理。他在一次接受采访时介绍，当初包括他在内的12名创会人都是离退休公务员和国企领导，不少人还是从战争年代走过来的，"我们不少人都在想，当初闹革命是为了什么，不就是为了让人民过上好日子吗？""现在中央提出共同富裕和第三

---

① 武威：《公益链条聚沙成塔 绘就广州大爱之城》，大洋网2021年9月10日；《人人慈善 助力共同富裕》，《广州日报》2022年1月20日。

次分配，慈善是第三次分配的重要形式，慈善就是要解决初次分配和再分配中没有解决好的问题，慈善的终极目标一定是全民慈善，让慈善成为大家日常生活中的一部分。"[1]

深圳宝能慈善基金会与汕尾陆丰市湖东镇樟田村结对帮扶，向该村捐资100万元，定向支援建设农贸综合市场和五保户"爱心之家"，改善了农村基础设施；建设宝能农贸综合市场，为樟田村及周边村民提供了集中便利的交易平台、农副产品信息交流平台及农药化肥采购平台；为樟田村五保户建设宝能爱心之家，并配备安全用电、自来水、电视和热水器等基本设施。[2]

（二）采用"投资+捐赠和服务"模式实行产业扶贫

"投资+捐赠和服务"是广东实行产业扶贫的一种成功模式，即以产业投资为主，加上一定的捐赠和义务服务，帮助受援地区培植财源，增加收入。

广东长隆集团有限公司在清远市投资300亿元建设长隆国际森林度假区项目和长隆世界珍稀野生动植物种源基地，可为当地创造稳定税源和显著的综合效益，吸引相关产业作为长隆集团的配套项目而落户清远市，促进当地经济发展。这种投资活动含有一定的捐赠和义务服务成分，直接帮扶183条村36971人。

位于湛江的广东金岭糖业集团有限公司通过"公司+基地+基层组织"的订单模式，提高农民种植甘蔗的积极性，建立10000亩甘蔗基地，为农民提供优质种子、肥料，按订单收购，帮助农民实现种得下、有收成、好效益的目标；建立5000多亩现代化蔬果种植基地，配套建立现代流通设施和供港合作关系，解决了当地蔬果销售难问题，还聘请农民到基地工作，增

---

[1]　《广东公益恤孤助学促进会王颂汤：让慈善成为生活的一部分》，大洋网2021年9月9日。

[2]　本节各地案例资料来源：广东省工商联、广东省农业农村厅　广东省乡村振兴局：《广东省民营企业参与脱贫攻坚和乡村振兴典型案例汇编》（2021年9月）。

加有稳定收入的就业岗位。这些帮扶措施每年可使近8000户农民实现户均收入5万元以上，并逐年递增。

总部位于河源市的广东融和生态农业集团有限公司对口帮扶当地多个村，2015年成立子公司广东融和蓝莓庄园有限公司，在河源市顺天镇、涧头镇开发广东融和蓝莓庄园，项目总投资达9.5亿元，总占地为22000亩，计划建设包括森林康养中心、林业公园（珍贵苗木风景林观赏区）、农产品展示加工、四季花海、生态湖休闲垂钓景区、绿色新能源科普教育、汽车越野等业态为一体的休闲农业公园。集团在河源建设农光互补项目，总投资7.8亿元，总装机容量达100兆瓦，项目投产后可实现年税收2000万元，成为全省最大的农光互补项目。

潮州市宋凰生态茶业有限公司对接帮扶饶平县浮滨镇黄正村，通过建立宋凰单丛红茶研发中心、宋凰精准扶贫（黄正村）示范基地以及技术团队全面进驻等帮扶措施，采取从种植到加工、品牌打造再到销售的全链条介入，探索出一条发展规模化生产、壮大村户经济的新路径。该公司投资50多万元为茶叶加工厂配套先进制茶设备，聘请20多名当地村民帮助管理茶园，对村民所产的茶叶进行保底收购。目前茶园种植面积已达400亩，比帮扶前翻了一番，村民实现稳定增收。

汕尾市国泰食品有限公司拥有的15个备案养殖基地，养殖水面总面积12650亩，每年可养殖优质出口罗非鱼、大头松鱼、桂花鱼、鲶鱼等各品种鱼20000吨以上，由此带动38个村6520户增收，与当地100多个渔民或农业个体户建立利益联结机制，帮助渔民创造稳定的收入来源。

揭阳普宁市东昱食品有限公司采用"公司+基地+农户"和"公司+基地+协会+农户"等模式，发动当地农村10万名农民种植青梅，人均年收入达到1.3万元以上，比过去增收30%以上。另外，东昱公司还吸纳周边村民成为种植、采摘和产业加工工人，提供工作岗位1000个。东昱公司积极参与普宁青梅行业协会标准化制度建设，积极开展青梅收购工作，增加收购网点，联络其他青梅加工企业与生产基地对接，鼓励龙头企业用合同订单的形式与农民专业合作社、家庭农场、种植大户建立利益紧密联结机制，发展订单农业，有效推动青梅产业的健康发展。公司还积极开辟电子商务交易平台，通过进驻京东商城、天猫、1号店、淘宝店等电商平台，积极拓宽网络销售渠道，加快与网库集团共建"中国青梅产业电子商务基地"项目，积极参加各类展销会，宣传"普宁青梅"品牌，有效提高普宁青梅的知名度和美誉度，增强了产业带动能力。

（三）通过捐赠服务帮助受援地建设和改善基础设施

美的集团股份有限公司（佛山）结对帮扶韶关、湛江多条村庄，在韶关累计投入5379万元，用于南雄市、仁化县、浈江区三地10多个行政村100多个自然村建设生产生活基础设施、饮用水工程，改建和修缮贫困户危房；在湛江投入近200万元，用于徐闻县西连镇龙腋村贫困户危房改造、雷州市客路镇泰坡村污水处理、雷州市纪家镇沙口村公共厕所建设；另投入1347.4万元援建雷州市龙门镇德地村美的番昌文化公园等57个项目，支持当地发展生态旅游、文化休闲、体育运动等。

深圳广胜达集团董事长杨松认为，财富源于社会，最终回报社会，先后出资8000多万元在吴川建造乡村别墅免费供村民居住，捐资800多万元建设家乡公路，出资近600万元捐建中小学，向深圳同心慈善会捐款100万元等，被省委、省政府评为首届"南粤新乡贤"。广东智信信息科技股份有限公司董事长蔡立群，践行"智立鸿业，信行天下"理念，心怀感恩积极回报社会，积极为家乡潮州搭建对外宣传电子门户，同时响应家乡"六城同创"的号召，捐资百万元支持"厕所革命"，回报社会。[①]

韶关龙韶实业有限公司筹资200多万元在当地龙归镇周边道路安装太阳能路灯240余盏；为周边村庄及村民修缮道路、修建房屋无偿提供各类石料价值超过400万元；资助30余万元修建龙归大桥；出资1700万元新建武江区龙归镇环城公路，修缮龙续路石背山至龙归段的各村村道，5个村1万多名村民的出行条件得到显著改善。

---

① 广东省工商联合会：《辉煌粤商40载》，广东人民出版社2018年版，第72—73、369页。

梅州市绿源发电有限公司捐赠7000万元专项资金用于新农村建设，按照"一山一水两廊四园"设计理念，提升改造进城大道，建设一溪两岸工程、陶瓷文化长廊、生态休闲绿廊及休闲广场，完善道路、桥梁等基础设施。

（四）利用捐赠款帮助受援地发展教育文化事业

位于梅州市的广东鸿艺集团有限公司捐资近4亿元进行荒山覆绿和生态保育。在梅州市2019年"广东扶贫济困日"活动仪式暨脱贫攻坚工作推进会上，鸿艺集团认捐7500万元，帮助建设五华县小都中学、五华县横陂镇第三小学。此外，鸿艺集团连续多年广泛设立奖学金，鼓励家乡学子勤读成才。在梅州市2020年"广东扶贫济困日"活动期间，鸿艺集团再次捐款1.25亿元，其中8000万元用于建设五华县小都中学、横陂镇第三小学，3500万元用于建设客天下东城学校。

广东宝丽华集团有限公司（位于梅州市）出资9500万元设立了长教村公益金，公益金投资收益专项用于长教村公益事业支出；筹资1.1亿元高标准建起了凸显"圆融"文化特色的长教新村；完善了老人活动中心、文化广场、环村公路、医疗所、自来水工程等公共基础设施；设立了老人福利金和建立学生奖学金制度，为60岁以上的老人每人每月发放100—250元的福利金，对考上重点中学、大学及研究生的学子给予每人每年1000—15000元的奖学金。

2021年4月，广东连山农村商业银行股份有限公司、广东利通建设集团有限公司分别向连山县教育局捐赠460万元和100万元，用于改善连山地区特殊教育办学条件和设立教育奖学基金。东莞益伸电子有限公司首期捐款600万元成立"益伸扶贫助学基金"。

龙川县老隆建筑安装工程有限公司数十年来不间断地对龙川县实验中学、田家炳中学、隆师中学、龙川一中初中部、老隆三中、维嘉小学、水贝小学、老隆镇第三小学、老隆中学等进行奖教奖学捐赠；捐资25万元为丰稔镇丰新小学兴建一栋教学楼。

虽然广东第三次分配有一定发展，大批企事业单位、广大人民群众积极参与慈善事业和不同区域之间的对口支援，但是第三次分配作为同初次分配和再分配并列的一种相对独立的分配方式，相关制度和政策还有待建立健全，从理论到实践还有许多问题值得探讨。

四 让第三次分配更好促进共同富裕

前面介绍的大量事实说明，广东第三次分配对一些地区脱贫致富、保证全省按时全面建成小康社会发挥了重要作用。在走向共同富裕的道路上，第三次分配可以也应当发挥更大作用。

（一）深刻认识第三次分配对推动共同富裕的独特作用

实现共同富裕就是要让全体人民都过上好日子，也就是要平衡而充分满足人民日益增长的美好生活需要。随着我国生产力和社会各项事业不断发展，财富总量逐步增长，最终可以创造出实现共同富裕所需要的财富总量。在这个前提下，如果分配结果使全社会成员获得的财富和他们的需要量吻合一致，那就能够实现共同富裕；如果分配结果是一部分人获得的财富超过自己的需要量，另一部分人获得的财富小于自己的需要量，差距过大，那就不能实现共同富裕。显然，只有尽可能做到公平合理分配，才能最终实现共同富裕。

现阶段各类从业人员的工作能力和可支配生产要素以及其他影响收入的因素可谓千差万别，在市场决定资源配置的条件下，城乡居民通过初次分配得到的收入必然有较大差距。事实上，经过改革开放四十多年的发展，城乡居民财富存量差距已经很大，初次分配给不同人带来的财富增量差距也不小。国家实行了先富帮后富战略和一系列措施，一直通过再分配进行收入调节。从广东的情况看，近年来区域之间、城乡之间、居民之间收入部分指标显示差距有所缩小，但是总体差距依然较大。按照第二个百年奋斗目标的要求，分两步走到本世纪中叶基本实现共同富裕，单纯靠再分配调节是不够的，必须同时加大再分配和第三次分配调节力度，尤其是要发挥第三次分配对促进共同富裕的特殊作用。

西方经济理论中有一种观点认为，一个人的生活质量、福利水平与他的财富总量直接相关，当他所拥有的财富总量较少或不多时，每增加一单位财富可以相应提高生活质量和福利水平；当财富总量继续增加超过一定数额后，每增加一单位财富所引起的生活质量和福利水平提高幅度会递减，最终一单位增量财富显得无足轻重。这种观点有一定合理性。同样一笔财富对高收入者和低收入者的用途有很大差异。1000元钱对一个贫困者可以解决生活中的燃眉之急，改善生存条件；对一个富翁却可能只够一顿饭买单。一个富翁的适度捐献所减少的自身福利会小于一个穷人得到这些捐献所增加的福利。因此，收入适度调节和转移可以增加社会总福利。

如前所述，再分配调节具有强制性。人们通过初次分配获得的合法收入存在较大差距，如果再分配调节力度过大，强制实行抽高补低来消除差距，那就等于变相否定了初次分配的合法性，可能挫伤一部分高收入劳动者和经营者的积极性。与再分配调节的强制性不同，第三次分配调节基于人们的道德觉悟和奉献精神，并且可以和投资活动相结合，通过帮助欠发达地区发展来提高低收入群体的创收能力。与此同时，捐献者也不会有多大损失，投资和捐献相结合还可以得到一定回报，实现互利共赢。

（二）完善第三次分配的道德激励机制

俗话说，人过留名，雁过留声。这句话反映了一种传统人生观和道德观，要义是指人生在世应当做些有益于后人的事情。这种传统道德观至今没有过时，激励许多人行善积德。从一些企业家的捐献行为来看，他们在创业时期需要大量投入，维持正常经营的资本尚且不足，很难有大额捐献；在企业发展到一定规模后，还要做大做优，需要进一步投入，也不易挤出资金来进行大额捐献；当企业充分做大后，财力雄厚，这时才有条件进行大额捐献。一些民营企业家毕生奋斗，开辟出巨大财源，积累了大量财富。他们创业时期感觉金钱重要，可能相信有钱能使鬼推磨的说法；创业成功之后，特别是到了老龄和高龄时期，他们渐渐相信钱乃身外之物，生不带来死不带去的说法，除了留给后代足够财产之外，倾向于多给社会捐献。因为第三次分配是由道德力量主导的，所以完善道德激励机制是关键所在。

1. 完善分配领域的道德评价体系。我国社会主义核心价值观继承了中华民族传统文化中的精华，同时具有时代特色，也吸收了国际公认的一些道德标准，是对人们的行为进行道德评价的基准。在分配领域，要以重效率、求公平、讲奉献为道德评价标准，鼓励依靠勤劳、创新、智慧和合法经营增收致富，反对坑蒙拐骗、损人利己的不道德行为。

2. 通过多种方式表彰大额捐献和经常捐献的模范行为。有些企业家或其他人以个人名义捐献巨款建设的学校、医院和其他公共建筑，或设立的奖学金、科技研发基金，应当允许和鼓励以捐赠者名字命名，以表彰和永久纪念捐献者的贡献；企业捐款修建的乡村道路、桥梁、其他公共建筑和居民住宅小区，也可以用捐献企业或其品牌命名。在全省范围内开展大额捐献模范人物评选活动，例如定期评选十大模范捐献单位（企业）和个人，组织编写那些品德高尚、捐献业绩突出的人物传记、电视片和视频宣传资料，广泛宣传他们的先进模范事迹。与此同时，对那些富裕起来后的挥霍浪费和一些不良炫富行为也要给予必要的批评乃至谴责。

3. 完善社会捐助税收优惠制度，适时出台房产税法和遗产税法。有些民营企业家在致富之后，希望参与社会公益事业，但是目前捐赠善款的免税制度还不够完善，如有的民营企业家出资开展慈善活动不能免税，被追缴税款。看来有必要加大对个人、企业的捐赠税收优惠力度，扩大对个人捐赠或者企业捐赠享受税收优惠扣除幅度，鼓励企业家积极参与捐赠。所得税、房产税法和遗产税法等税种对收入的调节属于再分配，可以对第三次分配中的道德激励起后盾和支持作用。从国外实行遗产税的效果看，一些拥有巨额财产的人认为与其交遗产税，不如适度捐献更为主动可行，这样选择正是第三次分配的预期结果。

（三）坚持输血和造血相结合、以增强受援地区造血功能为主

这里所讲的输血和造血是对捐赠收入用途的形象说法或比方：输血就是把捐赠款直接用于增加受援者的收入；造血则是把捐赠款用于发展受援地区和村镇的经济，建设基础设施，兴办教育文化事业，长久提高增收致富能力。输血和造血相结合、以增强造血功能为主是在以往区域之间、城乡之间对口支援帮扶中取得的一条成功经验，可在今后推动共同富裕过程中复制推广。

以增强受援地区的造血功能为主，就是把大部分捐赠收入用于在受援地区培植财源，力求持续增收；把少部分捐赠收入用于直接增加那些贫困者和有特殊困难的家庭用于维持基本生活，以解燃眉之急。这样做最终可以使第三次分配产生综合效益，不仅增加受援地居民收入，而且还可能给捐献企业带来一定的回报，促进区域协调发展和城乡融合发展。当然，不同地区和款项的具体用途可以有不同侧重，有些企业和个人捐款指定了具体用途，可以全部用于直接增加受援者收入或建设性投资。

（四）创新第三次分配的具体方式

随着大数据、区块链、5G、人工智能等数字技术的发展，慈善不再只是简单的捐款捐物，创新正在为慈善公益注入更多文化因素并提供新的手段。深圳市慈善会创造性地提出"大慈善"概念，把慈善覆盖到教育、医疗、养老、残障等领域。佛山市顺德区注册了"顺德慈善"，连续5年以"慈善文化月"系列活动打造慈善城市名片。梅州市将客家文化和公益广告相结合，充分利用电子显示屏、户外灯箱等建设慈善特色宣传阵地，通过打造慈善亮丽名片，将慈善融入地方文化。湛江市举行"粤慈善·湛美丽"2021新年慈善线上音乐会，数据显示App直播平台浏览量逾51万人次。江门市通过微信公众号、小程序增设捐步、点亮"微心愿"等游戏互动，传播慈善理念。惠州市通过市慈善总会网站发布便捷化、小额化和创意化

众筹项目，打造"指尖公益"。这些做法多少包含第三次分配的方式创新。要积极推动公益数字化和信息化，提升捐助人的参与感和体验感，让行善变得更容易。通过探索多元平台，积极推行"互联网+慈善"，与其他产业嫁接，拓宽慈善渠道，丰富捐赠方式。

（五）理顺三次分配的配套衔接关系

第三次分配和再分配是紧密联系的，有时交叉并行和同步并行。如何对第三次分配中的捐赠款和收入转移减免所得税是值得探讨的问题：一是当企业用初次分配所得进行捐赠并用于发展慈善事业或用于增加受援者的收入，可以考虑参照企业出口退税的做法实行捐赠退税，或者按捐赠额抵扣以后初次分配的所得税；二是把捐赠款分配给受援居民，可以考虑免征所得税。

当第三次分配获得的企业捐款用于发展受援地区经济，就会全部或部分转化为投资，从而引起新的初次分配：支付工资和购买其他生产要素。对由第三次分配捐款引起的次级初次分配应当免征生产税，即这种初次分配只产生劳动报酬和生产要素收入，而不应产生税收。

从社会范围看，第二、三次分配调节力度合计有多大，需要根据有关统计数据进行分析测算并适当加以控制。这就需要研究制定科学可行的共同富裕标准，据此设计安排第二、三次分配的调节力度。总的来看，第二、三次分配调节力度应当同初次分配差距挂钩，初次分配差距越大，第二、三次分配调节力度就越大；反之亦然。从实现共同富裕的目标和要求看，初次分配收入差距经过第二、三次分配合力调节后应当逐步缩小，最终达到共同富裕标准。

第九章

护好绿水青山　做大金山银山

　　广东既有绿水青山，也有金山银山，但是离共同富裕目标和要求还有较大差距。在走向共同富裕的道路上，广东既要养护好绿水青山，又要做大金山银山。只有全面养护好绿水青山，才能不断提供更好更多的生态产品，满足人民日益增长的优美生态环境需要；只有做大金山银山，才能不断提供更好更多的物质文化产品，满足人民日益增长的美好生活需要。

一 用绿水青山和金山银山铺垫共同富裕之路

河源市万绿湖周边的一些村民说，我们这里有绿水青山，但是没有金山银山。云浮市有人说，守着绿水青山，盼望金山银山。这些说法反映出两个问题：一是广东不同地区的绿水青山和金山银山发展不平衡不充分的问题比较突出，人民群众盼望既有绿水青山，也有金山银山；二是有的群众对绿水青山就是金山银山理念的认识还不到位。实现共同富裕既要有充裕的物质财富，也要有丰富的精神生活，还要有美丽的生态环境。所以说，共同富裕之路要用绿水青山和金山银山来铺垫。

（一）全面认识和积极践行绿水青山就是金山银山理念

2013年9月7日，习近平总书记在哈萨克斯坦纳扎尔巴耶夫大学发表演讲并回答学生们提出的问题，讲了下面方框中的话。这段话充满了辩证法思想，表达了绿水青山就是金山银山理念。这一理念包含丰富的内容，不仅要从思想上全面认识，而且要在工作中积极践行。

重要论断

> 我们既要绿水青山，也要金山银山。宁要绿水青山，不要金山银山，而且绿水青山就是金山银山。
> ——《习近平总书记系列重要讲话读本》，学习出版社、人民出版社2016年版，第230页。

中国语言中的一些词汇有多种含义和用法，在不同句子中的词义有差异。一般讲绿水青山是指良好的自然生态环境；金山银山则是一种形象说法或比喻，具体意思有狭义和广义之分：狭义是指社会经济发展创造和积累的物质文化财富；广义是指各种自然资源和生产活动创造的财富总和。

"既要绿水青山，也要金山银山"，"宁要绿水青山，不要金山银山"，两组概念都是分别表示良好的自然生态环境和丰富的社会经济财富，其中金山银山应从狭义理解。本书提出护好绿水青山和做大金山银山，也应从狭义理解金山银山。所谓"绿水青山就是金山银山"，可以理解为绿水青山是财富源泉，它本身是一种自然财富，在一定条件下可以转化为经济财富。

人们追求美好生活和共同富裕，首先要维持正常生存，必须有清新的空气、洁净的水源、宜居的环境、丰富的矿产等等。这些东西是由大自然提供的，来自绿水青山。对人类社会和各个国家来说，绿水青山既是自然财富、生态财富，又是社会财富、经济财富。一个国家或地区的人民要实现共同富裕，单靠绿水青山是远远不够的，必须通过全面发展生产力和社会各项事业，创造丰富的物质文化产品。诸如可口的食品、漂亮的服装、舒适的住房、合意的用品等等，这些东西是人们利用自然资源通过生产劳动创造出来的财富。如果一个国家或地区通过长期发展创造和积累了充裕的财富，就喻为金山银山。显然，人们的各种需要是由自然环境提供的各种资源和经济活动提供的各种产品来满足的，所以说"我们既要绿水青山，也要金山银山"。

从长远看，保护绿水青山和建设金山银山可以兼得，但是在特定时间和地点二者也可能发生冲突，需要做出取舍。以往有些地方的做法是宁要金山银山，不要绿水青山，也就是为了金山银山而破坏乃至牺牲绿水青山。诸如围湖造地开发房地产，生产活动大量排放各种污染物而不加以治理，这样做的结果也许暂时增加了一些收入，但是最终往往得不偿失。一旦破坏乃至失去了绿水青山，金山银山将保不住或得不到。有些地方过去曾建设一些大量排放废水废气废渣的企业，污染了当地环境，严重影响经济发展和人民生活，后来不得不投入巨额资金来治理，结果治理这些污染的费用比当初发展那些企业挣的钱还多，环境尚未恢复到原来的清洁状态，实属得不偿失。这方面的教训值得认真吸取。践行绿色发展理念，就要改变以往的取舍原则，从宁要金山银山不要绿水青山转向宁要绿水青山不要金山银山。当然，随着科学技术进步和社会经济发展，最终能够做到既要绿水青山也要金山银山。目前正处于转变经济发展方式的关键时期，各地进度有差异，当保护绿水青山和开发金山银山在局部发生冲突时，必须有壮士断腕的决心，做出宁要绿水青山不要金山银山的选择。换句话说，如果某个地方由于缺乏必要条件，发展经济和保护环境暂时难以兼顾，那就要求发展经济适当让步，优先保护环境。

 案例　　广州南沙石化项目的迁址取舍

> 2005年，科威特石油公司与中石化签署备忘录，计划投资80多亿美元，在广州南沙区合资兴建大型石化项目，预计每年炼油量达1500万吨，生产100万吨乙烯。2006年6月，国家发改委批准该项目，2007年11月展开前期准备工作。据称，该项目采用国际最先进的生产工艺技术，按照国际最先进的节能减排标准进行设计建设和管理，将努力建成世界一流的炼油化工一体化工程，形成安全生产、绿色低碳、和谐发展、技术水平高、经济效益好的世界级石化基地。这对保证粤港澳地区油气就近稳定供应、拉动广州经济增长将发挥巨大作用，算得上是一座金山或银山。然而，香港和周边城市以及一些专家认为，在南沙建设该项目将严重影响珠三角核心地区生态环境，不利于保护绿水青山。经过反复评估论证，最终该项目迁址湛江。对广州市来说，该项目外迁可谓忍痛割爱，为了绿水青山，舍去金山银山。

（二）护好绿水青山是走向共同富裕的基本保障

古代广东曾经是森林密布、动物滋繁的地方。宋代流放官员描写海南岛的诗句"狞犬入山多豕鹿，小舟横港足鱼虾"，"麋鹿时时到县衙"，也是对当时岭南生态的真实写照。明代时粤西北地区还有亚洲野象，虎豹不少，孔雀常见。清代随着人口增加，大量森林被砍伐，一些河段、滩涂被围垦，引起水土流失，河床淤浅。鸦片战争后战火延绵不断，生态环境遭到严重破坏。岭南森林覆盖率在清代后期为54.5%，民国时期（1937年）减少为10%。[①]

新中国成立后，广东某些特殊年份和局部地区曾发生过毁林开荒、围海造地等问题，但是大部分时间特别是改革开放以来长期坚持植树造林，封山育林，使以往遭到破坏的绿水青山得到修复，森林覆盖率逐步提高，到2020年达到58.66%，形成了南粤大地的连绵青山。

广东集水面积100平方公里以上的河流有数百条，形成河网，覆盖全省各地。因为广东雨水多，森林覆盖率高，涵养水分功能强，众多河流水量较大，含沙较少，加上湖泊、水库和近海，形成了南粤大地的丰沛绿水。

如果说广东生态环境也有美中不足，那就是沿海多台风，每年台风造成不小的财产损失乃至人员伤亡。此外，来自江河上中游的各种排放物在珠江下游和出海口聚集，从末端不易治理。表9-1列出了2020年广东、江苏、浙江、福建、山东的部分生态资源指标，大体反映了五个省份绿水青山现状。广东森林面积和水资源总量均居五省之首，但是森林蓄积量不及福建，这说明广东森林中次生林和幼林较多，森林质量有待提高。

表9-1　广东和全国部分省份生态资源比较（2020年）

地区	森林面积（万公顷）	森林蓄积量（万立方米）	森林覆盖率（%）	湿地面积（千公顷）	水资源总量（亿立方米）
全国	22044.62	1756022.99	22.96	53602.6	31605.2
广东	945.98	46755.09	58.66	1753.4	1626.0
江苏	155.99	7044.48	15.20	2822.8	543.4
浙江	604.99	28114.67	59.43	1110.1	1026.6
福建	811.58	72937.63	66.80	871.0	1280.4
山东	266.51	9161.49	17.51	1737.5	375.3

资料来源：《中国统计年鉴2020》《中国统计年鉴2021》"资源和环境"数据。

---

① 凌大燮：《我国森林资源的变迁》，《中国农史》1983年2月刊。

2021年广东地表水达到或好于III类水体比例为86.9%；21个地级以上城市空气质量优良天数比例平均为94.3%，主要环保指标明显好于全国平均水平。不过，用高标准来要求还存在不少问题。广东地表一类水比例很低，大部分水体受到不同程度的污染；空气中的PM2.5含量比美国、加拿大等国家高出一倍。

人们常常用发达国家的标准来衡量国内环境质量和生活水平，这没有错。随着生态文明建设向前推进，环境保护会逐步改进，但是环境质量赶超发达国家的难度可能比经济发展水平赶超难度更大。姑且不说工农业和服务业产生的污染问题，就是千家万户烹调油烟和厨余垃圾排放的污染也很大。如果我们羡慕别国优美的环境，要求国内环境质量向这些国家看齐，那么我们在环境保护方面也应当向国际高水平对标，以更加自觉积极有效的行动来养护绿水青山，珍惜蓝天白云。只有这样，才能在绿水青山中走向共同富裕。

（三）做大金山银山是走向共同富裕的必然要求

绿水青山的原始分布状况是由大自然决定的，社会经济发展和环境保护措施会在一定程度上影响绿水青山现状，但是不可能像地壳运动那样引起沧海桑田的变化，也不可能从总体上改变山水地理分布格局。狭义金山银山的规模大小和分布状况主要是在社会经济发展中形成的，可以通过不断发展生产力和社会各项事业来增创做大并调整分布结构。

根据本书第二章的分析，目前广东人均地区生产总值按汇率和购买力平价折算在世界上都属于中等偏上水平，同高收入国家和地区相比有较大差距。现有财富总量无论怎样分配，都还不足以实现共同富裕。因此，走向共同富裕必然要求努力增创和做大金山银山，增加财富总量；同时改善财富分配状况，提高共享水平。

我国幅员辽阔，各地自然条件和经济发展水平有很大差异，既要绿水青山也要金山银山是对全国或较大区域而言。一个省属于较大区域，从整体上可以说既要绿水青山也要金山银山，但是在地级市及其所属县区等较

小行政区划层次，绿水青山和金山银山的分布组合结构会有差异。目前广东绿水青山主要分布在粤东西北地区，金山银山主要集中在珠江三角洲地区。表9-2列出了广东部分区域经济指标，从中可以看出四类地区经济发展差异。

表9-2 珠江三角洲和东西北地区部分经济指标（2019年）

指标	珠江三角洲	东翼	西翼	山区
土地面积（平方公里）	54770	15476	32646	76751
常住人口（万人）	7683.95	1639.87	1569.51	1595.67
地区生产总值（亿元）	87213.05	6946.39	7595.68	6231.80
一般公共预算收入（亿元）	8277.21	301.73	335.46	449.14
人均可支配收入（元）	52213.7	23483.6	23550.9	23120.3

资料来源：《广东统计年鉴2021》"区域主要经济指标"。

2019年，全省61.5%的常住人口、80.1%的地区生产总值、88.4%的一般公共预算收入集中在珠三角地区。地区生产总值、一般公共预算收入和人均可支配收入是反映金山银山大小的几项指标，它在四类地区的分布可谓高低错落，一些地方的居民说当地看不到金山银山可以理解。前面一些章节已经分析了广东区域发展不平衡问题，从推进共同富裕的视角探讨了区域协调发展措施。下面分三节探讨如何养护绿水青山，做大金山银山，让绿水青山和金山银山相互滋养。

二 全面养护绿水青山

国内有个干部到美国、加拿大等国家考察和旅游时感叹当地环境好，说是上帝对我国不公平，给别人的地方那样好，给我国的地方那样差。这个干部看到了我国环境质量和一些发达国家的差距，但是没有理由怪上帝。如果说上帝就是大自然，那么它给我国的地方相当好，有些地方环境质量差主要是因为没有保护好，遭到人为破坏和污染。现在出国旅游的人大多往好地方走，差的地方一般旅游者不会去或很少去。应该说，我国自然条件总体上在世界各国中处于上等水平，广东更是有一定的生态优势。然而，再好的生态环境也需要精心养护，何况目前还存在种种破坏和污染环境的现象，更需要精心治理。

（一）营造和完善生态林、经济林、沿海防护林、城市景观林和乔灌草有机结合的绿化体系

广东绿化体系以粤东西北地区的天然生态林为主体，一些地区的经济林、沿海防护林和城市景观林也是重要组成部分，乔灌草有机结合，发挥着各自的生态绿化功能。

天然生态林占全省森林面积的63.7%，通过长期封山处于自然生长状态，构成广东绿化体系的主体。对这些生态林要加强巡防工作，合理设置观察站点，防止人为砍伐破坏，加强山火预防。人工造林面积占全省森林面积的36.3%，大部分也成为生态林，需要进一步抚育和适当优化改造。按照广东"十四五"规划部署，构建以沿海防护林、滨海湿地、海湾、海岛等要素为主体的南部海洋生态保护链，加强陆海生态系统保护和修复。深入实施新一轮绿化广东大行动，以南岭山地为重点开展森林质量精准提升行动，加强天然林保护，巩固造林成果，推进生态公益林提质增效。

各种经济林是广东绿化体系的重要组成部分，兼有生态和经济效益，主要包括木材林和水果林（荔枝树、柑橘树、芒果树等）。各种茶树属于灌木，也兼有生态和经济功能。南粤大地四季温暖，植物皆可生长，只要各种农作物种植和收割衔接得当，就能发挥很好的绿化作用。多季水稻、大片甘蔗和香蕉林，可以营造田园风光，具有很高的生态旅游价值。竹子是广东山地原野绿化的一个具有南方特色的品种，经济价值也很高，应当得到更好的培育和养护。

兴宁市郊有些居民在自家楼房顶上种植蔬菜，光照充足，长势颇好，既可收获蔬菜，又有一定的绿化作用。国外有机构专门对楼顶绿化和不绿

化进行了实验对比研究，结果证明楼顶绿化好处很多。广州、深圳、珠海等城市的立体绿化效果良好，还有很大潜力。现在一些立交桥两侧都设置了绿化带，但是大都是在立交桥建成后再通过设置绿化箱钵来种植花卉，建设和养护成本较高。今后立交桥在新建和重建时应当统筹考虑绿化问题，把两侧绿化作为整个建筑的必要组成部分加以设计、建造和管理。广东城市建筑大都比较密集，绿地不足。中低层建筑顶部除有少量绿化之外，大部分还是按传统方法进行隔热防水处理。有的市曾专门制定楼顶绿化方案，但是现有房顶绿化改造难度较大。可以考虑由城市建设主管部门在全省范围内对各市中低层楼顶状况进行普查，由当地对符合条件的楼顶进行绿化改造。通过合理配方制作轻质土壤，设置喷灌设施，种植草和花卉，由各楼住户负责日常管理。这种改造需要一定投资，如果新建筑统筹规划建设顶层绿化，则不会增加额外成本。正像兴建立交桥应当统筹考虑两侧绿化一样，新建中低层建筑也应当统筹考虑顶部绿化，把它作为整个建筑的必要组成部分加以设计、建造和管理。如果珠江三角洲的城市楼顶得到绿化，那么将在空中营造出栉比鳞次的绿茵花卉，这不仅可以美化城市空间，更重要的是吸收空气中的小颗粒污染物，调节城市气候。

近年，广州市在某城区建设中大规模迁移或砍伐具有一定历史文化积淀的大树，伤害了市民对城市的美好记忆和深厚感情，造成了重大负面影响，一些领导干部因此受到纪律处分。这件事告诫人们特别是领导干部，城市绿化不仅要遵循自然规律，而且要考虑历史文化因素，充分尊重和顺应民意。

（二）采取多种措施综合治理水污染，提高江河、湖泊、地下水和近海水质

江河、湖泊、雨水和地下水构成循环运动的完整水体，并同近海水体紧密联系。广东陆地水体总体上处于良好状况，但是局部污染也很严重。目前全省每年工农业生产和生活用水量在400亿立方米以上，其中大约一半为农业用水，受到化肥和农药一定程度的污染；另一半为工业生产用水和

生活用水，虽然大都经过处理后才排放，但是处理后污染物总含量依然有上百万吨，全省各地合计每年还有上亿吨生活污水未经处理就直接排放。这是影响广东水质的主要污染源。针对这种情况，要采取多种措施综合治理水污染：一是改进化肥施用方法，提高利用效率，同时提高农药安全性和可降解水平，尽可能减少化肥农药残余污染；二是通过工业经济结构调整和技术改造升级，减少生产污水排放；三是通过实行阶梯水价等方法促进居民节约生活用水，减少生活污水排放；四是建设足够的污水处理设施，提高污水收集和处理能力，严格实行达标排放。有些地方的污水处理设施建好后缺乏运行经费，需要统筹安排。建议通过财政拨款和社会捐赠等途径设置省级污水处理基金，对江河上游的污水处理单位按处理效能给予适当补贴。

淡水和海水养殖污染排放是影响广东江河湖泊和近海水质的源头之一。一方面要改进养殖技术和管理，减少排放；另一方面要调整水产养殖网点，进一步提高养殖集约水平，关闭江河上游和水源地的养殖场。

广东"十四五"规划提出实施东江、西江、北江、韩江、鉴江等骨干河流生态保护修复，全面推行河长制，建立功能完整的河涌水系和绿色生态水网，推动水生态保护修复，保障河湖生态流量，到2025年，湿地保护率达52%。这些规划目标很好，措施尚待细化，应当认真执行和落实。

同养护青山相比，养护绿水和提高水质难度更大，实际成本和机会成本都比较高。但是为了建设美丽广东，维护人民的根本利益，造福于子孙后代，难度再大也得做，成本再高也要付。

（三）更加积极有效开展大气和土壤污染防治工作

大气污染有多种源头，包括工业排放、交通运输排放、建筑排放和生活排放。针对工业排放源头，要加强工业锅炉、窑炉治理和管控，逐步扩大高污染燃料禁燃区范围；针对交通运输排放源头，要全面推进成品油、道路、机动车和新车生产企业和用车大户综合整治，加大成品油联动监管力度，大力推广使用纯电动汽车（含氢燃料电池汽车）；针对建筑排放源头，要加强建筑工地及淤泥运输车辆、道路、堆场、码头等管控，抑制扬尘，严禁露天焚烧；针对生活排放，要倡导绿色生活方式，改进宾馆酒楼烹调设施，研制和推广安装食堂、餐厅、家庭生活废气过滤装置。

土壤污染源主要来自工业排放物、农用化肥农药残留物和生活垃圾排放。针对这些源头，要强化重点类别金属污染防治和减排工作，推进化肥农药减量化，尽可能用安全有机肥替代化肥。

2020年广东生活垃圾清运量达到3102万吨，其中68%做焚烧处理，另外29%做卫生填埋，少量做其他处理。虽然无害化处理率达到99.9%，但是依然存在焚烧烟尘排放、填埋占用土地和经雨水冲泡久后泄漏污染土壤等问题。从长计议，还是要致力于垃圾减量化、资源化处理。这方面的办法措施留待后面再具体探讨。

（四）大力倡导绿色生活方式

有一天，在某城市公园的一个石凳上，一名游客坐着嗑瓜子，瓜子壳扔了一地。另一名游客路过说，满地瓜子壳，不像话。那名嗑瓜子的游客似乎不好意思，起身就走，并没有清扫和收拾地上的瓜子壳。这名嗑瓜子的游客行为不文明，也违反了公园管理条例，虽然当时没有受到处罚，但是内心应当感到惭愧。在一些旅游景点和公共场所，随手扔饮料包装盒和其他废弃物的现象并不少见，实际上是由来已久的不文明生活方式的表现。

建设生态文明，养护绿水青山，必须大力倡导绿色生活方式，消费行为既不损害他人利益，也不损害环境。这对每个人来说要从自我做起，从现在做起，从小事做起。要将环境保护、绿色发展等内容纳入各种学历教育之中，特别是要抓好儿童少年环保意识教育，从小养成自觉爱惜和保护环境的习惯。通过社会舆论和各种新媒体宣传倡导绿色消费，通过单位监督、社会监督和相互监督坚决制止餐饮浪费行为。坚持不懈引导居民自觉实施生活垃圾分类，推行生活垃圾减量化、资源化、无害化。

环保勿以善小而不为，污染勿以恶小而为之。

三　通过绿色发展做大金山银山

不论是养护绿水青山，还是做大金山银山，都应当遵循自然规律和社会经济发展规律。从建设生态文明的高度来看，现在要讲求人与自然和谐共生，人们不可能也不应该大规模改变绿水青山的自然分布状况，可能也应该做到的是尽力养护绿水青山，使山更秀美，水更洁净，在这个前提下通过绿色发展做大金山银山。本书第三章探讨了如何通过高质量发展培植财源问题，这里再谈谈如何通过绿色发展来做大金山银山。

（一）大力发展生态碳汇农业

农产品生产和消费就其物质形态变化过程来看包含碳循环：农作物生长吸收碳，农产品消费和农作物枝叶秸秆腐烂又排放碳，碳排放和碳吸收基本上能够达到平衡。如果改进耕作方式，充分利用植物秸秆，还能够使碳吸收大于碳排放，有利于实现碳中和。目前在农业生产中大量使用化肥和农药，虽然显著提高了生产效率，但是也产生环境污染，农产品消费后的排泄物有很大部分未能返还农田，生产消费的碳循环链部分被打断。大力发展生态碳汇农业，就是要通过科技进步和改善管理修复农业生产的碳循环，使农业在更高水平上成为清洁碳汇产业。

目前我国农村居住着5亿多人口，将近有2亿劳动力从事农业生产。全国山地和丘陵面积多于平原，那些分布在山地和丘陵之间的耕地不宜集中起来发展大型农场。在这种条件下，我国农业现代化可以采用两种生产方式推进：一是建设大型农场，实行集约化经营并在机械化基础上进一步实现智能化生态化；二是建设中小型生态农业园，实现资源综合利用和循环利用。

从广东的情况看，2021年，广东第一产业增加值为5003.66亿元，占地区生产总值的4.0%。这个比例虽然不高，但是4.0每年毕竟产生数千亿元增加值，提供数百万个就业岗位。与工业和服务业生产净排放碳不同，农产品生产和消费基本上保持碳循环平衡，生态价值不可低估。广东生态农业还有一定潜力，优化品种，改进耕作方式，更好处理和利用植物秸秆，提高土壤固碳能力，可以形成碳汇农业。在一些城市周边和城乡接合部可以建设大中型沼气池，利用农作物秸秆和城市排泄物生产沼气为城乡提供清洁能源，池渣作为肥料返还农田。同时大力发展林业，争取使农业或第一产业为实现全省碳中和做出更大贡献。

（二）加快推进能源转型

我国能源开发利用正处于从煤炭石油等化石能源向水能、风能和太阳能等可再生清洁能源转型时期。以发电装机容量结构变化为例，全国发电装机容量从2010年的96641万千瓦增加到2020年的220204万千瓦，十年间水电、风电、太阳能三类可再生能源发电装机容量从24590万千瓦增加到90549万千瓦，占全国发电总装机容量的比例从25.4%上升到41.1%。[①]目前我国发电装机总容量和三类清洁能源发电装机容量均居世界第一位。

广东"十四五"规划提出加快能源结构调整优化，构建以新能源为主体的新型电力系统；强化资源节约集约利用，大力发展绿色低碳产业；到2025年建成海上风电装机容量约1800万千瓦，光伏发电装机容量约2800万千瓦。现在看来，水电风、电光、电利用效率还不够高、不够稳。广东太阳能、风能资源非常丰富，潜力很大。关键是要解决太阳能、风能发电的稳定供给和有效利用问题。为此，要修建和太阳能、风能发电配套的大型储电站、抽水蓄能发电站、空气压缩蓄能发电站和电解水氢能循环利用发电站，同时研发高性能电池、氢燃料发动机，通过太阳能、风能发电来给电动汽车充电和电解水制氢，尽快全面实现清洁能源对煤炭石油的替代。

---

① 《中国统计年鉴2021》，中国统计出版社2021年版，第300页。

问题对话

问：有一种说法认为，风力发电机的叶片会妨碍鸟类飞行，不利于保护环境，实际情况是这样吗？

答：加拿大多伦多一个机构专门就当地的一个风力发电场进行了为期一年的观察研究，结果发现一年内只有2只鸟撞到这个风力发电场的风机叶片上，而同年撞到当地其他建筑物上的鸟多达上千只，由此得出结论，风力发电对鸟类飞行的影响可以忽略不计。一般风力发电机叶片转动很慢，和飞鸟相撞的概率很低，只要不在鸟类密集的地方建风力发电场，就不会对它们造成什么伤害。

过去一些发达国家在风电和太阳能等清洁能源利用方面走在世界前列，我国处于落后水平，这些发达国家大讲风电和太阳能发电如何好，指责我国火电污染严重；现在我国在清洁能源利用方面赶上并超过了发达国家，来自这些国家的某些言论又说风电和太阳能发电如何不好，仿佛表现出对我国清洁能源发展的羡慕嫉妒恨。风电和太阳能发电技术不论目前还有多少有待改进之处，发展前景无疑都是光明的。

（三）全面实行资源循环利用和综合利用

绿色发展要求转变资源利用方式，从一次性利用资源转向循环利用资源，从单一性利用资源转向综合利用资源。只有这样，才能充分利用现有资源不断做大金山银山，创造出足以实现共同富裕的各种财富。

从国内外发展循环经济的实践可以总结出六种循环利用资源的方法：

1. 再生循环，即借助生态系统的功能，对各种可再生资源实行循环利用。以水力发电为例，在江河上修筑水坝，利用地球重力形成的水能来发电，得到利用的水流到下游或海洋，经过太阳能的作用而蒸发，又通过大气运动输往江河上游区域形成降水过程，变为新的水能，从而实现循环利用。在这个过程中，地球重力、大气运动和太阳能是循环的原动力，人们修建水电站及相关设施构成整个水力资源循环利用的关键环节。显然，人类只有同自然之间形成密切的配合，才能构成再生循环的完整系统。

2. 回收循环，即回收各种废旧产品，按其有用成分和用途再加以利用。具体分为三种方法：一是回收废旧产品和原材料，通过资源化处理后重新加工利用，比如回收废旧金属再冶炼和加工；二是回收至少使用过一次的产品，经过适当处理后再以原形投入使用，比如回收玻璃啤酒瓶，经消毒清洁后再使用；三是回收在资源利用过程中挥发、散失的各种原材料的有用成分或其他转化物，集中后重新投入利用。采用这三种方法循环利用资源都会有一定的损耗，但可以大大减少原生资源的一次性消耗，提高资源利用效率。

3. 互利循环，即两个生产单位或生产体系互相循环利用对方的产物或排放物。这种循环在自然界和农业中比较常见。农作物的果实和枝叶是人畜的食物，人畜的排泄物是农作物的肥料，双方互利循环。在工业中也有成功的实例。互利循环涉及两个相关生产过程或企业，得到循环利用的资源主要是各生产过程的排放物或原生资源至少经过一次利用后的转化物。只要不同生产过程的排放物或转化物具有某种互利或互补性质，就可以设计建立互利循环的生产体系。

4. 反馈循环，即把两个相关的生产过程或环节按一定的先后次序连接起来，其中前一个生产环节制造某种产品时的排放物成为后一个生产环节的原料，后一个生产环节的部分产品作为原材料反馈给前一个生产环节加以循环利用。它在两个以上的生产过程或环节之间构成一种上下游关系：上游环节首先至少生产出一种产品，其排放物由下游环节加以处理或利用，生产出某种产品供上游使用，有时还可以生产其他直接销往市场的产品。一般在企业内部完成多次生产和反馈循环；如果相关生产过程涉及不同的企业，也可以在企业之间建造含有反馈循环的生产线。这种方法在化工、冶金行业有一定实用性。

5. 连环循环，即在三个以上的生产过程或企业之间建立链式循环利用资源的关系。珠江三角洲地区的桑基鱼塘、花基鱼塘、菜基鱼塘、果基鱼塘，都包含资源连环循环利用。

 案例 吃干榨尽甘蔗、剑麻和菠萝

湛江农垦集团公司积极实行资源循环利用，形成了三条产业链：一是甘蔗榨糖，蔗渣燃烧发电、造纸和生产碎粒板，废糖蜜生产酒精，酒精废液生产沼气供发电，最后剩余物质用于制造有机肥返还农田；二是剑麻叶片生产纤维及其制品，麻渣水提取皂素生产激素类药品，麻渣成为有机肥原料返还农田；三是菠萝生产罐头和果汁，菠萝叶、皮渣等用于生产有机肥。

6. 分合循环，即采取一定的方法分解某种资源，其利用过程又将其合成，然后再分解，再合成，以至无穷。在生态系统中，动物消化食物（植物果实、枝叶）是一种分解过程，而植物的光合作用则是一种合成过程，双方构成分解合成循环，得到循环利用的资源包括氧、碳水化合物等维持生命活动的各种营养物质。在经济活动中也可以实行某些资源的分合循环利用。例如，将水分解为氢和氧，两者结合起来燃烧又生成水。目前存在的主要问题是分解水需要消耗很大能量，成本较高。如果能够利用太阳能、风能发电来分解水，制取氢和氧，然后利用氢燃料发电或生产新能源，将提供充足的清洁能源。

同资源循环利用相比，资源综合利用条件宽松得多，在实践中也总结出多种方法，包括对资源多种成分及其转化物的综合利用。表9-3列出了广东和另外几个省份一般工业固体废弃物排放和利用情况。广东对一般工业固体废弃物的综合利用处于中上水平，未来发展还有一定提升潜力。

走好共同富裕的 广东路

表9-3　广东和全国部分省份一般工业固体废弃物排放和综合利用情况（2020年）

地区	产生量（万吨）	综合利用量（万吨）	利用率（%）
全国	367546	203798	55.45
广东	6944	5631	81.09
江苏	11870	10866	91.54
浙江	4591	4546	99.02
福建	6043	4016	66.46
山东	24989	19612	78.48

资料来源：《中国统计年鉴2021》，中国统计出版社2021年版，第255页。

　　我国新型现代化经济体系应当由动脉产业和静脉产业平衡协调发展构成。全国从资源开采到加工制造的动脉产业相对较强，从资源回收到再利用的静脉产业明显较弱，资源循环利用综合利用水平还有待提高，广东也是如此。为实现有限资源的永续利用，必须加快发展静脉产业，建立生态产业集群，实现动脉产业和静脉产业的平衡协调发展。制造业企业在产品设计之初就要考虑产品使用后的回收利用问题，各种家用电器、汽车和日用消费品的制造不仅要力求质优价廉，而且要把可回收利用作为重要的考核指标。一般工业制品应由生产厂家定点回收拆解和再利用，在不同区域建立综合性回收站点和处理企业，提高资源回收利用率。

四　让绿水青山和金山银山相互滋养

　　自古以来，人类一刻未停向大自然索取。从采集狩猎到河湖捕捞，从砍柴伐木到挖煤采油，人类就像婴儿吸吮母乳那样向地球环境索取各种资源，实际上是大自然单方面滋养了人类，也可以说是绿水青山滋养了金山银山。现在该是人类回报和反哺地球环境的时候了。走好共同富裕的广东路，就应当让绿水青山和金山银山相互滋养。

（一）绿水青山和金山银山相互滋养的途径

绿水青山滋养金山银山的途径是显而易见的。诸如明媚的阳光、清新的空气、洁净的水源、肥沃的土地、丰富的矿藏，一直滋养着人类，支撑人类去创造金山银山。如果把金山银山界定为人类社会经济发展所创造的各种财富，那么用它去滋养绿水青山，就是要遵循自然规律，运用现代科学技术和各种人力物力财力，去有效保护生态环境，治理污染，修复遭到人为破坏的地方，甚至修复由于自然条件变化而形成的某些沙漠和荒漠化地区，从而养护绿水青山。这样做可以提供人民生活和经济社会发展所需要的各种生态产品，生产更好更多的绿色食品，发展生态旅游等，最终有利于做大金山银山，从而有利于实现共同富裕。

我国不同地区的自然条件和经济发展水平差异很大，在各地按相同模式养护绿水青山和建设金山银山是不现实的。因此，必须合理安排生产空间、生活空间和生态空间，有的地区重点养护绿水青山，有的地区重点建设金山银山，两类地区相互支持，共生共赢。同样道理，广东不同区域在养护绿水青山和建设金山银山中也应当加强分工合作，力争在全省范围内从总体上实现护好绿水青山和做大金山银山的目标。

（二）坚持实施主体功能区规划，推动各种功能区紧密合作相互促进

2012年9月，广东省主体功能区规划由省政府发布实施。这项规划把全省各地分为优化开发、重点开发、生态发展和禁止开发四类区域，分别规定了不同的发展目标、任务，实行有差别的措施和考核办法。十年实践表明，主体功能区规划总体上是科学有效的，对优化全省空间开发格局、促进社会经济发展和生态环境保护发挥了积极作用。不过，原来的规划也难免有一定局限，到2020年应当实现的某些目标未能完全实现，有的地方认为这项规划限制了当地经济发展，实施积极性不高。此外，一些配套制度如

生态补偿制度的建立滞后，在一定程度上影响了主体功能区规划的实施。

十年来，全国和本省的情况都发生了很大变化。广东"十四五"规划提出了生态文明建设新的目标和任务，同时制定了生态文明建设"十四五"专项规划，其中提出要深入实施主体功能区战略。鉴于国家和本省十年来的发展变化，有必要对十年来实施主体功能区规划的情况进行总结，对原来的规划进行适当修订，进一步细化分区，更好地统筹山水林田湖草保护修复，完善各项配套措施，推动各类区域紧密合作，相互促进，在不同区域之间实现绿水青山和金山银山的相互滋养。

（三）生态补偿：绿水青山和金山银山相互滋养的制度安排

对广东来说，生态补偿是个敏感话题。多年前，省环保部门一名官员在新闻发布会上遇到记者提问，说是东江和西江均发源于外省，源头地区为保护生态环境做出了贡献和牺牲，要求广东给予补偿。这位官员回答说，如果江河上游地区保护环境要求下游地区给予补偿，那么上游下雨导致下游洪灾，下游地区能否要求上游地区补偿呢？这名记者提问和官员回答涉及生态补偿制度。当时对生态补偿的必要性和可行性还缺乏全面认识，相关地区之间存在一些利益矛盾和认识纠结。

 深层思考　　优质空气可以买卖吗？

在中共广东省委党校某年一期县处级领导干部培训班上，两名分别来自省直单位和韶关市某山区县的学员就环保问题展开讨论。来自山区的学员说，我们县重视环境保护，森林覆盖率在80%以上，空气质量很好，刮大风把好空气吹到广州，供市民免费呼吸，但是广州生产的产品卖到我们那里，却要照价付款才能消费。省直单位的学员说，如果你有办法卖优质空气，我可以付费，但是空气是自然提供的，难以当作商品买卖。一个地方为保护生态环境做出了贡献和牺牲，应用通过建立生态补偿机制给予合理补偿。

在一些媒体言论中，广东被认为是先富起来的省份，实际上广东各区域之间一直存在发展不平衡问题。多年来，广东是优先保证对外省的援助资金，以致省内五千多万人口的人均可支配收入低于全国平均水平。本书分析这些情况，意在说明不同区域之间的生态补偿非常复杂，需要全面深入研究各种利益关系。实际上，广东境内的西江、北江和东江等河流上下游之间也存在生态补偿问题，需要在理论上和实践中探索解决。

区域划分有不同层次，包括国内大区、省区、省内地市和市内县镇等，建立跨区域生态补偿机制涉及各个层次。如前所述，人们的衣食住行用需要主要是通过社会经济发展来满足，对生态产品的需要则由自然环境来满足。从全国和全省实现共同富裕目标来说，应当力争经济发展与环境保护双赢。目前还很少有成熟的零污染生产技术，加之我国人口众多，广东是全国第一人口大省，消费和生产都会排放污染物。如果按照传统思路，每个区域都按相同功能来发展，结果必然造成环境严重破坏，经济发展也受到束缚。科学而可行的办法就是对不同区域进行主体功能分工和定位，按照主体功能区规划来发展经济和保护环境，从全局实现二者双赢。

为便于分析，这里将不同区域简化为经济发展区和生态保护区两类，各自的主体功能分别是发展经济和保护生态环境，分别称为A区和B区。A区除了实现发展经济的主体功能之外，也要注意保护生态环境；B区除了实现保护生态环境的主体功能之外，也会有经济活动，主要限于清洁生产和消费。A区的经济发展成果首先满足本区需要，同时通过一定途径满足B区需要；B区生态环境保护成果首先满足本区需要，同时通过一定途径由A区分享。在市场经济中，A区经济发展成果通常是有偿分享，B区需要购买和支付；在自然条件下，B区生态环境保护成果至少有一部分是无偿由A区分享。例如，B区清新的空气自然飘往A区，由后者分享，B区难以收费。这样就形成经济与环保成果分享有偿无偿的不对称关系。长此以往，就可能加大两个区域发展水平差距：A区既保持富裕，又分享B区生态环境保护成果；B区为保护生态环境做出了贡献和牺牲，却陷入经济落后境地。为了解决这个问题，就需要建立生态补偿机制，从A区征税，建立生态补偿基金，对B区给予合理的经济补偿。

案例　　万绿湖周边村民的纠结

　　河源市的万绿湖水域面积370平方公里，水质常年保持地表一类，这些水资源对粤港澳地区经济社会发展具有战略意义。长期以来，河源市人民为保护万绿湖水源做出了较大贡献和牺牲。近几年有总投资达数百亿元的项目有意到河源市落户建设，但是因为当地环保要求高而未能批准建设。当地政府对湖区几个镇实行"三不准"，即不准发展工业，不准砍树，不准大量养猪和鸡鸭等。这些镇的人口不能全部外迁，又没有多少农田，"三不准"基本上阻断了通过发展当地经济来增加收入的途径。湖区周边一定范围经济发展也受到环保限制。虽然政府对当地居民给了一定的经济补偿，但是同实际需要相比还有较大差距。因此，当地村民有一种纠结，迫切希望要么给予更多的经济补偿，要么放宽经济发展政策。解开这种纠结的办法一是增加经济补偿，二是发展清洁生产项目。

　　建立生态补偿机制的客观依据是有些区域为保护生态环境做出了贡献和牺牲，其他区域分享了前者的保护和建设成果。后一类区域有分享生态环境保护和建设成果的权利，理应履行共同保护和建设的义务。有些区域之间可能存在互相分享对方生态服务的情况，但是只要不同区域的贡献和分享程度有差异，就有必要补偿。如何制定合理的补偿标准是需要探讨的问题。有些江河上游地区要求下游地区给予生态补偿，理由是上游保护水源对下游做出了贡献和牺牲，一些在下游地区可以建设的工业项目在上游地区却不能建设，因此减少了收入。如果上游地区简单按照流往下游的水量和市场水价来估算需要补偿的金额，那么下游可能提出异议，甚至以上游下大雨引起下游洪灾为由，反而要求上游给予补偿，这样就会引起上下游之间的利益纠纷。如此看来，不能简单把自然资源（如水源）的地理分布和自然流动量作为补偿标准。每年都有多次台风从广东登陆,给登陆地点造成灾害;台风把大量雨水带到内地,对内地也许正是及时雨。广东遭受台风灾害的地方可以向上级申请救灾款,但是没有理由向外地索取雨水补偿。

2021年9月,中共中央办公厅、国务院办公厅印发了《关于深化生态保护补偿制度改革的意见》,对建立健全生态补偿制度做出了明确规定,提出了纵向补偿和横向补偿办法。目前主体功能区建设依托行政区,生态区和经济区通常由不同的行政区管理,为了减少矛盾和利益纠纷,一般不宜由生态区直接向经济区索取生态补偿费用,而应由管理有关区域的上级政府实行纵向补偿。由中央和地方政府在经济区征税,按照财政收入的一定比例提取生态补偿费,建立生态补偿基金。制定科学的生态保护和建设业绩评价体系,由政府组织对生态区环境保护实效定期进行考核,达到要求后给予相应补偿。泛珠三角地区的生态补偿机制应当由中央政府组织建立,广东可以加强同周边省份合作,积极参与跨省区生态补偿机制的建设;本省地市之间的跨区域生态补偿机制应当由省政府组织,各地市参加共同来建立;有些地市的县区之间也需要建立生态补偿机制。

从国内外实践来看,补偿途径和方式包括转移支付,专项拨款和补贴。此外,在某些生态区和经济区之间可以建立更加紧密的合作关系,生态区组织劳动力到经济区就业,经济区为生态区提供某些用于生态环境保护的技术服务。确定生态补偿标准和水平需要全面考虑各个功能区的多种因素:一是生态区保护和建设生态环境的成效;二是生态区保护和建设生态环境的直接成本,包括人财物的投入和消耗;三是生态区保护和建设生态环境的机会成本,主要是生态区为保护生态环境所放弃的本来可能得到而实际上因为环保要求高未能得到的收入;四是经济区的经济发展水平和支付能力。一般来说,如果经济区和生态区分别实现中央和地方规划发展目标后,各地居民收入水平应当大体保持一致,即人均收入水平差异不大。如果在未补偿时生态区人均收入显著低于经济区,则通过生态补偿应当明显缩小乃至基本消除这种由于主体功能不同所造成的收入差距。如果两个区域原来经济发展水平差距较大，实行主体功能区分工后，也应通过逐步提高补偿水平来缩小差距，最终得到均衡发展。

全国现行主体功能区分为四类，而不是经济发展区和生态保护区两类，应当根据各区域的功能定位和业绩来细化补偿办法。不论是全国各省区之间，还是广东省内部各地市之间，经济发展水平差异都是长期不均衡发展造成的，难以在短期内消除。虽然不能指望单纯通过生态补偿来实现各地区平衡发展，但是这种补偿是一个地方的金山银山滋养另一个地方的绿水青山，对缩小地区之间的收入差距、实现共同富裕具有不可低估的意义。

第十章

在国内外双循环和粤港澳大湾区建设中走向共同富裕

　　地球生物圈包含各种物质和能量的循环运动。人类是生物圈的一个物种，既处于自然界的循环之中，又通过社会经济活动构成相对独立的循环体系。对一个国家来说，生产、交换、流通、分配、消费构成完整而复杂的循环链，分为国内循环和国际循环等多个层次。广东作为中国的一个省，是国内循环的一个区域，既有同内地省份之间的循环，也有省内各区域之间的循环，还有同港澳之间的循环，在开放条件下深度参与国际循环。保持省内外循环畅通是广东经济以往发展的成功经验，也是未来发展的必要条件。只有这样，才能在国内外双循环和粤港澳大湾区建设中稳步走向共同富裕。

一 完善省内外主循环体系

改革开放以来，广东参与国际循环的广度和深度逐步拓展，但是省内外主循环体系还是由国内循环构成，包括广东与周边省区及至内地的循环、珠江三角洲和粤东西北地区及至市县乡镇之间的循环。目前省内外主循环体系的硬件总体上比较完整，局部存在某些短板，运行管理中的某些软件不足问题比较突出，需要进一步完善。

（一）广东省内外循环体系结构和运行状况

铁路、公路、水运、空运、管道、输电线路和通信线路网络构成广东省内外循环的通道、链条和载体，实现人财物和科教文卫体等各方面交流。表10-1反映了目前广东省内外循环体系的交通运输结构和规模，其中铁路和公路建设大体处于全国平均水平，河运、空运和管道运输高于全国平均水平。

表10-1　广东和全国交通运输业基本情况比较（2020年）

单位：万公里

指标	广东	全国	广东占全国的比例（％）
铁路营业里程	0.4871	14.63	3.33
公路通车里程	22.1873	519.81	4.27
内河通航里程	1.2252	12.77	9.59
民航航线里程	369.21	942.63	39.17
管道输油气里程	1.01369	13.41	7.56

资料来源：《中国统计年鉴2021》表16-2、《广东统计年鉴2021》表15-1。

把表10-1中广东铁路、公路、水运、空运里程占全国的比例和表10-2

中广东客货运周转量占全国的比例进行比较，可以看出广东铁路、公路和水路客运周转量占比高于三种运输里程占全国的比例，这表明三种客运效率高于全国平均水平，民航客运效率低于全国平均水平；货运的情况有所不同，只是水运效率高于全国平均水平，铁路、公路和空运效率低于全国平均水平。这说明广东铁路、公路货物运输和空中客货运输还有不同幅度的提升空间。

表10-2　广东和全国客货运周转量比较（2020年）

指标	客运周转量（亿人公里）			货运周转量（亿吨公里）		
	广东	全国	占比（%）	广东	全国	占比（%）
铁路	630.33	8266.2	7.63	278.44	30514.5	0.91
公路	556.31	4641	11.99	2524.2	60171.8	4.19
水路	4.27	33	12.94	24404.83	105834.4	23.06
民航	1426.32	6311.3	22.60	82.98	240.2	34.55

资料来源：《中国统计年鉴2021》表16-2、《广东统计年鉴2021》表15-1。

广东经济循环不仅形成巨大物流，而且有数千万人口构成的人流。来自外省的非户籍常住人口将近有3000万人，此外还有省内不同区域之间的流动人口，估计也有上千万人。流动人口的户籍还在原地，其中劳动力人口在外地工作，正常年份春节大部分都会回原籍地，节后再返回工作地点，年复一年，构成一种特殊循环圈。

（二）畅通省区大循环和县镇乡村小循环

省区大循环包括广东和周边省份之间的循环、广东和港澳之间的循环、珠江三角洲和粤东西北之间的循环；相对于省区之间的循环来说，各市内部县镇乡村之间的循环可以说是小微循环。珠三角与港澳之间、东翼与闽赣之间、西翼与桂琼之间、北部与湘赣之间的联系在硬件和软件方面都还有不少值得改进的地方。按照广东"十四五"规划，在沿海经济带和东西两翼要完善高快速铁路，提高东西两翼地区空港、海港、陆路枢纽功能集成度，开辟粤东通往华东、华中、大西南和粤西连接西部陆海新通道，完善北部山区快速干线，重点建设好连接省内外的国道和省道，发展城乡智慧交通。

从地理上看，粤东西北外围地区与相邻省份距离更近，应当主动疏通与相关省区的物资和人员交流。现在一般物资跨省循环是畅通的，但是某些紧俏物资的省际流通还不够顺畅，市场也多少受到一些地方性保护措施的限制。广东煤炭和电力供应不能完全自给，在不同程度上依靠北煤南运和西电东送；遇到枯水季节还要通过西江从云南、贵州、广西调水；东江发源于江西，上游水源地有赖于江西保护森林植被。这些都需要加强省际沟通和交流，处理好同邻省区的关系，通过友好协商消除省际循环障碍。

陆地道路建设要更加重视生态环境保护，尤其要周密考虑地表水循环和生物圈的完整性。有些高速公路拦截了地表雨水通道，一旦遇到大暴雨就会发生水灾，淹没民房，冲毁路基，媒体报道都说是自然灾害，实际上有几分人祸。修建某些高速公路和铁路对道路两边居民通行考虑不周，涵洞和天桥间隔太远，致使行人过道不便。有的道路建设造成局部生物圈碎片化，阻断了陆生小动物活动通道。这些问题都应当引起重视，设法加以补救。

县镇乡村小微循环体系好比人体毛细血管和末梢神经，目前发展不平衡，有些乡村公路网络不完整，等级和质量不高，部分物资流通不畅。一些城市交通存在瓶颈或短板，差不多每天行车高峰时间都有几个路段发生堵车现象。快递和外卖骑手送货赶路，到处穿行，险象环生。随着私家车进一步普及，今后某些城市堵车问题可能更加突出。这一方面是因为道路建设跟不上需要增长，另一方面是因为某些城市和街区人口过于密集，必须综合采取多种措施加以治理。

（三）提高省内外主循环的生财效益

众所周知，马克思在《资本论》中分析了资本循环过程，把资本分为生产资本、商品资本和货币资本，这三种资本循环必须在空间上并存，在时间上继起，最终实现增值。撇开资本所包含的特定生产关系的性质差异不说，马克思的资本循环理论实际上揭示了市场经济中资源、产品循环运动和价值增值规律，在市场经济中具有普遍性，基本原理对我国社会主义市场经济中的资源、产品和价值循环也是适用的。

目前广东出口额按货物价格计算每年达到数万亿元，直接同地区生产总值相比可以占到几十个百分点。然而，地区生产总值是各行业的增加值之和，不是按产值计算的。如果广东出口按增加值计算，实际上只占地区生产总值的10%左右。广东自有统计以来的地区生产总值绝大部分都是在国内循环中实现的，所以说广东经济一直以国内循环为主。要在高质量发展中推动和实现共同富裕，就必须进一步提高国内循环的生财效益。

经济循环的物资流通一方面是把各种资源送给企业，满足生产需要；另一方面是把各种消费品送给城乡居民，满足生活需要。在这个过程中，生产领域创造价值得以实现并发生增值，运输和销售单位通过提供服务也创造价值。全省所有这些生产单位创造的增加值加起来就是广东地区生产总值，反映全省一定时间内创造的财富。只有让各种资源和产品加速循环，消除各种阻力和障碍，才能提高循环生财效益，创造更好更多的财富。

对从事经济活动的行业和企业来讲，每次完整的循环周期都应当带来一定数量的增加值。一次循环所产生的增加值与产值或营业收入之比是增加值率，它反映循环生财效率或效益。2020年广东农业增加值率为60.37%，工业增加值率为25.07%。[①]虽然农业对地区生产总值的贡献较小，但是增加值率却比工业高出一倍多。这说明农业是低投入、高产出的行业。然而，一些地区却不重视发展农业，把农业比重大看成是经济落后的表现，这是一种应当纠正的偏见。广东大力发展优质高产低耗农业不仅可以大量生财，而且农业生产能够形成碳汇，有利于实现碳中和，这是工

---

① 根据《广东统计年鉴2021》农业、工业产值和相应增加值计算。

业不可比拟的优势。从省到市县都应当进一步重视农业，特别是在具有南方特色的农副产品的主产区要增加投入，加强农业新技术推广应用，搞好社会化服务，帮助农民增收致富。当然，广东也要大力发展先进工业和服务业，使三次产业协调发展，合力生财。

电商和网购不断发展给消费者购物带来更多选择和方便，也给生产者创造了新的商机。网购发展直接引起某些行业实体营销网点萎缩，造成大量商铺关闭，人员失业。这就像电子读物取代和挤压报刊等纸质媒体一样，总体上是社会进步的表现，有利于畅通循环，加快物资和信息流通。不过，有些产品网购并没有优势，每天都有大量快递在退货。有些商品通过文字、图片和视频在网上推销介绍，消费者看不到实物，更无法试用，通过快递拿到实物后发现不合用，只好退货。虽然网购营销商实行免费无条件退货，但是对社会来说却增加了循环流通成本，造成浪费。另外，快递包装材料消耗也明显大于实体店。网销同实体店相比究竟是降低还是提高了社会运行成本，需要对不同产品网销和传统销售进行对比分析。目前看来，应当优化网销和实体店结构，某些实体店也可以建立网销体系，发挥各种交换手段和方式在国内循环中的作用。

二　提高广东参与国际循环的生财效益

当今世界正经历百年未有之大变局，国际形势错综复杂，新冠肺炎疫情更是加速了全球产业链供应链变革与调整，国际循环的发展动力、运行模式都发生了极大变化。这给广东通过参与国际循环创造财富提出了新挑战，也提供了新机遇。广东在未来发展中要更加积极主动参与国际循环，发挥自身优势，提高参与国际循环的生财效益。

（一）以进出口协调发展实现国内国际供需良性循环

2021年广东外贸进出口达到8.27万亿元，超过全国外贸出口总额的1/5，连续36年规模位居全国各省区第一。1990—2020年，广东出口额由

1057.03亿元增长到43493.07亿元，占地区生产总值的比例由67.8%下降为39.3%；进口额由936.55亿元增长到27369.58亿元，占地区生产总值的比例由60.1%下降为24.7%。[①]这些数据表明广东进出口依存度整体上呈下降趋势。出口额占地区生产总值的比重在不同年份都高于进口额占比，累计贸易顺差很大。在广东贸易伙伴中，2020年东盟为1.24万亿元，比上年增长14.3%；美国为9723.7亿元，增长15.3%；欧盟为9233亿元，增长20%。多年来，广东发挥自身产业和电商优势，不断完善合作交流机制，提升跨境电商便利化水平。2016—2020年，广东跨境电商进出口额从227.96亿元增长到1726.46亿元，年均增速65.9%，连续七年位居全国第一。[②]

 案例　　　"世界工厂"站上新起点

> 全球每卖出5部智能手机，就有1部来自东莞长安镇。从长安镇走出的OPPO、vivo智能手机热销全球，背后有着东莞外贸重点平台——虎门港综保区持续推进业态创新的助力。近两年，保税维修、保税研发等新业态相继在虎门港综保区落地。保税维修引入了OPPO、vivo手机等项目。vivo全球手机维修项目入区后，从维修到返回境外消费者手中只需10天。最近落地的保税研发项目，又为疫情下难以向海外工厂派遣研发工程师的vivo公司解了燃眉之急。东莞制造以前卖产品，现在卖品牌，未来要卖标准！
>
> ——选自《广东东莞："世界工厂"站上新起点》，中国产业经济信息网2022年2月7日

　　全国不同省区的开放水平和参与国际循环程度有差异，广东开放程度较高，有必要也有条件从更大广度和深度参与国际循环。要继续在出口方

---

①　《2021年广东省国民经济和社会发展统计公报》《广东统计年鉴2021》对外贸易和地区生产总值数据。

②　《广东外贸之变：跨境电商进出口额全国居首》，《21世纪经济导报》2021年10月14日。

面做文章，提高出口产品和服务的质量效益，增强国际竞争力，借此带动相关产业转型升级。加快外贸发展动力转换，即从过去依靠原材料和劳动力低成本转向依靠科技创新来发展外贸。特别是增创和发挥数字经济新优势，不断提升广东对外贸易的数字化水平。与此同时，用足用好国内超大规模市场优势，积极进口广东高质量发展所需要的资源、高技术产品和相关服务。适时修订《广东省鼓励进口技术和产品目录》，扩大先进技术、重要设备等进口，提升国际国内重要产品及资源整合配置能力；支持重点地市创建国家级进口贸易促进创新示范区，推动广东贸易高质量发展十大工程建设；进一步加快广东进出口协调发展，实现以进口带创新、以创新促升级的产业发展。

参与国际循环的最终目的是利用国外资源和市场来更好满足国内人民需要，应当坚持以我国人民需要为发展导向。以往广东一些地方和行业片面强调以国际市场为导向，实际上把生产目的定位于满足欧美发达国家消费者需要。许多所谓外向型企业不掌握生产关键技术，长期从事中低端加工制造，增加值大头被国外厂商拿走，自己只能维持低工资和低盈利水平，甚至处于亏损边缘，在很大程度上依靠出口退税等措施保护才得以生存。针对这些问题，应当调整和优化开放结构，取消名义上补贴国内生产者而实质上补贴国外消费者的政策，淘汰那些主要为别国服务甚至无偿供养别国消费者的低端加工企业。

为了提高参与国际循环的生财效益，应当改进外贸绩效考核指标。通常用进出口额占国内生产总值或地区生产总值的比例来反映对外依存度，这项指标可以进行纵横比较，说明外贸发展规模和变化，但是也存在一定局限。如前所述，进出口总额是按货物和服务价格计算，国内生产总值和地区生产总值都是按增加值计算。广东出口产品大部分为工业制成品，2020年工业增加值率为25.07%，即每出口价值100元的工业产品对地区生产总值的贡献只有25.07元。显然，按出口价格计算出口总额，再用出口总额与地区生产总值之比来衡量对外依存度，夸大了广东经济对外贸的依赖性，也夸大了外贸对广东经济的贡献。如果2020年广东出口增加值率为

25%左右，那么全部出口所产生的增加值为10873.27亿元，仅占当年地区生产总值的9.82%。这意味着，当年广东出口对地区生产总值的贡献只有10%左右，90%左右的增加值是在国内市场实现的。广东出口总额中有一部分是外商投资企业出口，增加值包含固定资产折旧，外商为了尽快收回投资，往往实行较高的折旧率，外资企业增加值中大约有一半为固定资产折旧，全部被外商拿走，此外还要拿走一部分利润，实际上为广东城乡居民带来的收入并不多。广东一些企业开展出口贸易所消耗的资源和精力同获得的收入相比有事倍功半之嫌。这样讲并不否认开展国际贸易对广东经济发展的重要作用，而是说要改进外贸考核指标，应当核算出口增加值率，用出口增加值与地区生产总值之比来反映经济对外依存度[①]。这样也可以看出广东发展对外贸易在数量、质量和效益等方面都有很大潜力。今后要进一步提高出口产品的科技含量，减少广东同行业企业之间的出口竞争，由此提高出口产品增加值率和生财效益。

（二）大力提高利用外资和对外投资的中方收益

广东是利用外资和对外投资大省。2021年，广东实际使用外资1840.02亿元，其中广州和深圳实际使用外资分别为543.26亿元、730.10亿元，合计占全省近70%。这反映了广东实际使用外资的规模和集中度。2020年，广东建立外资联席会议制度和挂点联系服务机制，跟踪服务重大外资项目和重点外资企业177个，对10亿美元以上外资项目实行"一周一调度"，推动巴斯夫、埃克森美孚等重大项目加快建设，到资1亿美元以上重大外资项目43个。这些大项目落地，稳定了利用外资水平。2021年广东对外非金融类直接投资额169.67亿美元，同引进外资数额相比还有一定差距。广东要加快对外投资创新，进一步整合广东产业链供应链与全球价值链对接，使对外投资与广东产业发展更好配套，形成相互促进、良好互动的产能合作。

在广东引进和利用外资的同时，外商也在利用广东并通过广东利用我

[①] 郑志国：《国际价值增值与进出口平衡》，《国际贸易问题》2000年第5期。

国资源和市场，只要双方加强合作，平等互利，就可能实现共赢或双赢。为便于分析，这里把资本输入国（输入地）和输出国（输出地）分别称为甲方和乙方，由乙方全部或部分投资开办的企业在甲方称为外商投资企业或"三资"企业。它必须同时向甲乙双方提供收入，这不同于甲方一些内资企业收入只在本国利益主体之间分割。甲方引进乙方投资得到的收入包括四项：一是甲方提供土地、厂房、机器设备和原材料等要素而获得的收入；二是甲方员工的薪金和工资；三是甲方获得的税收；四是当甲乙双方共同投资时甲方获得的利润。这些项目之和对甲方来说称为内收。乙方在甲方投资得到的收入包括三项：一是提供技术设备、品牌和原材料等要素而获得的收入；二是乙方员工（包括投资者个人）的薪金和工资；三是乙方获得的利润。这些项目之和对甲方来说称为外收。内收和外收占企业总收入的比例分别称为内收率和外收率，这个分割比例对甲方经济影响很大。一些由外商控制的企业通过压低甲方员工工资，无偿或低价使用甲方土地等资源，降低内收率，提高外收率，使收入分割向乙方倾斜。

外商投资企业的产品通常分别在甲方市场和其他国家销售。对甲方来说，外商投资企业产品在本国销售称为内销，出口称为外销。其中内销形成外商投资企业在甲方市场的销售收入，对甲方消费者来讲是一种支出；内收作为外商投资企业向甲方提供的收入，对企业本身来讲是一种支出。二者的数量关系有三种基本情况：一是内收大于内销，这时甲方从外商投资企业得到的收入用来购买其内销产品之后尚有结余，称为内收盈余；二是内收等于内销，这时甲方从外商投资企业得到的收入刚好可以用来购买其内销产品，称为内收平衡；三是内收小于内销，这时甲方从外商投资企业得到的收入不足以购买其内销产品，称为内收赤字。其中内收盈余和平衡都能使甲方国民收入净增加，但是内收赤字会减少甲方国民收入，其作用类似于进出口逆差。

甲乙双方货币收入分割对象分为总收入、增加值和利润三个层次，内收率和外收率是对总收入分割而言，包含对增加值和利润的分割。甲方综合分析内收率、外收率和内收平衡等指标，可以看出利用外资与被外资

222

利用的程度差异。一般来说，如果内收率和外收率差异不大，保持内收盈余或平衡，总体上就可以视为互利共赢；如果内收率明显低于外收率，出现内收赤字，甲方所得就会小于乙方所得，存在利益分割不公平问题。我国在改革开放初期为吸引外资，对一些外商投资企业实行无偿使用土地和减免税优惠政策，国内员工的工资水平也比较低，收入分割明显向外商倾斜。1991—1996年，我国外商投资企业的内收率和外收率分别为42.4%、57.6%，向资本输出方倾斜达到15.2个百分点，6年累计内收赤字为4340.9亿元。[①]当时广东"三资"企业的收入分割比例也大致如此，后来的情况有所改善，但是一些行业利用外资的收益分割依然向外商倾斜。

从广东的情况看，外商通过多种方式来谋取利益。首先，来自发达国家的一些商人往往带着投资项目到多个地区选点，引起相关地区形成争夺外资项目的竞争。有些地区一度竞相实行各种优惠政策，包括在一定时期减免税、无偿或低价提供土地，结果形成鹬蚌相争，渔翁得利的局面。在汽车制造、日用工业品、建筑材料、服装等行业，来自不同发达国家的商人到我国投资办厂，大量进行重复建设，引起加工制造环节企业的过度竞争，从而压低加工费。其次，国际投资带来的生产要素不仅有机器设备和原材料等有形资产，而且还有知识产权和品牌等无形资产，这些无形资产价值往往被外商单方面高估，由此获得高额专利费等收入，侵蚀税基。[②]再次，我国简单劳动力大量过剩，就业竞争异常激烈，外商乘机压低普通工人工资，实际上是利润侵蚀工资。最后，有些外商来自国外跨国公司，从公司在乙方（资本输出国）的工厂高价购进机器设备和原材料，又把在甲方（资本输入国）生产的产品以低价出口给乙方外销商，后者加价销售，获利甚丰，通过高进低出来转移利润，这样降低了在甲方核算的利润率，减少了甲方获利。这些商人在资本输入地对要素和产品实行高进低出，如同在资本输出地对一般货物实行低进高出一样，都是通过商业资本和生产

---

① 郑志国：《中国利用外商直接投资的收入分析》，《财贸经济》1998年第2期。

② 李本贵：《税基侵蚀与利润转移原因分析及对策》，《税务研究》2016年第7期。

资本的联合运作，利用价格跨国变化来获利。据分析，世界每年国际投资利润中有70%流向了发达国家，只有30%分给了发展中国家。①目前广东引进和利用外资是否分得高于国际平均水平的利润，尚未看到详尽研究结果。

上述问题在本书第六章讲初次分配时已有所分析，那里针对存在问题提出了缓释和消除国际资本挤压中方收入的一些办法，这里不再重复。四十多年来我国一直用实际使用外资数量等指标来考核评价利用外资绩效，不够全面，不够精准。既然讲求高质量发展，那就应当更加合理有效利用外资，因此有必要调整和改进考核利用外资效率的指标，增加收入分割指标的统计分析，及时发现问题和解决问题。

（三）进一步疏通"一带一路"沿线循环

"一带一路"倡议提出以来，广东致力于打造"一带一路"枢纽、经贸合作中心和重要引擎，推动企业和品牌"走出去"。2013年，广东对"一带一路"沿线国家和地区进出口1.11万亿元，2021年增长至2.04万亿元，比上年增长16.3%，占广东外贸总值的比重从2013年的16.4%提升至2021年的24.7%。广东与"一带一路"沿线国家和地区经贸合作不断深化，进出口贸易不断增长，取得了显著成效。

在新兴市场开拓方面，广东还有广阔空间，借助广交会等重要平台，外贸企业可加快拓展"一带一路"沿线国家和地区市场。作为同类交易会中规模最大的综合性国际贸易盛会，广交会已成为连接中外商界的贸易之桥。近年来，广交会成为"一带一路"沿线国家和地区开展对华贸易的重要平台，见证和记录了广东与"一带一路"沿线国家和地区贸易蓬勃发展的历程。新冠肺炎疫情给"一带一路"合作带来一些不利影响，但是我国防疫工作的出色表现和对"一带一路"沿线国家和地区的帮助也产生了积极影响。后疫情时期可能出现一些新的发展机遇，广东有条件不断拓展同

---

① ［美］约瑟夫·E. 斯蒂格利茨：《让全球化造福全球》，中国人民大学出版社2013年版，第70页。

有关国家和地区的合作深度与广度，将"丝路电商"作为双边贸易合作的新引擎，不断提高参与国际大循环的生财效益。

 **"一带一路"见商机**

> 汽笛长鸣，装载着TCL集团波兰工厂生产所需液晶显示面板和电子元件的中欧班列，从广州货运中心下元站缓缓驶出，15天后将抵达波兰马拉舍维奇。"广州至马拉舍维奇的中欧班列开通，我们又多了一条连接国内的便捷运输线。"TCL波兰工厂负责人表示。依托"一带一路"和中欧班列，TCL集团将波兰工厂作为欧洲产业链的中心链接点，使智能终端业务辐射整个欧洲。
>
> ……
>
> 2017年，第一家海外体验店在阿塞拜疆商业中心区营业；2018年，东南亚第一家产品体验店在泰国曼谷落地；2019年，俄罗斯子公司成立……作为国内燃气热水器龙头企业，万和电气加快自主品牌出海步伐。目前，公司出口业绩逐年提升，燃气热水器和燃气炉具的出口量连续多年领先行业同类产品，远销近90个国家。
>
> ——节选自《人民日报》2021年11月22日02版

三　在粤港澳大湾区建设中走向共同富裕

南海风起，珠江潮涌。中共中央、国务院于2019年2月18日印发《粤港澳大湾区发展规划纲要》，同年8月9日印发《关于支持深圳建设中国特色社会主义先行示范区的意见》。这两个文件为粤港澳特别是广东未来发展描绘了宏伟蓝图，做出了具体部署。2021年9月5日和6日，中共中央、国务院又先后印发《横琴粤澳深度合作区建设总体方案》《全面深化前海深港现代服务业合作区改革开放方案》，这是国家粤港澳大湾区战略的延伸、扩展和细化。党中央、国务院对一个区域做出如此详尽的规划和方案，一次又一次系统提出指导意见，这在全国是非常少见的。粤港澳三地不能辜负中央和全国人民的期望，在未来发展中应当精诚合作，力争建成世界上最发达、最富裕的地区之一，对我国实现第二个百年奋斗目标做出应有的贡献。

（一）粤港澳大湾区构成和发展态势

粤港澳大湾区由广东省珠江三角洲的广州、深圳、佛山、珠海、东莞、中山、江门、惠州、肇庆九个市和香港、澳门两个特别行政区组成，总面积5.6万平方公里，2020年末总人口为8640.2万人，地区生产总值按人民币计算为112428.7亿元（见表10-3），是我国开放程度最高、经济活力最强的区域之一。粤港澳大湾区建设为广东实现高质量发展和推动共同富裕提供了新的契机。

表10-3 粤港澳大湾区三地生产总值和人口（2020年）

指标	珠三角	香港	澳门	合计
地区生产总值（亿元）	89523.9	21401.7	1503.1	112428.7
人口（万人）	7823.5	748.2	68.5	8640.2
人均地区生产总值（元）	114429.5	286042.50	219430.7	

说明：香港和澳门地区生产总值分别按港元和澳元对人民币汇率折算。
资料来源：《广东统计年鉴2021》珠三角、香港、澳门地区生产总值和人口数据。

深圳作为中国特色社会主义先行示范区和粤港澳大湾区的创新城市，在广东高质量发展中有重大担当。华为、腾讯等年产出数千亿元的企业在深圳成长起来，比亚迪这样在新能源汽车领域实现弯道超车的企业也在深圳发展壮大，不仅支撑深圳发展，而且对全省乃至全国发展产生有力带动作用。

广州作为历史悠久的文化名城、省会城市、国家中心城市一直发挥带动全省、服务全国的作用，不仅制造业、交通运输业、饮食业、会展业、商业发达，而且集中了中山大学、华南理工大学等一批高水平大学和优质医疗机构，可与深圳"双城"联动，比翼双飞。佛山、珠海、东莞、中山、江门、惠州、肇庆也都各有所长，在大湾区建设中大有可为。粤东西北地区三面环绕大湾区，如果把珠三角核心区比作心脏，那么东西北地区就是胸腔，彼此血肉相连，功能互补，形成广东和粤港澳大湾区的多层次发展格局。

香港是国际金融中心之一，拥有大批具有国际视野的高水平金融人才，同时拥有一批高水平大学和多学科人才；航空和海运发达，向内向外辐射能力强；海滨山青水阔，高楼大厦栉比鳞次，气势磅礴，旅游资源丰富。近期正在谋划建设北部都会区，蕴含巨大发展潜力，在粤港澳大湾区建设中的发展潜力未可限量。

澳门过去发展因为地域狭小而受到限制，不能和香港等量齐观；自回归祖国以来，发展势头蒸蒸日上，横琴开发区的建设对澳门来说可谓如虎添翼，未来澳门发展前景可与香港媲美。

毋庸讳言，从2019年中央发布《粤港澳大湾区发展规划纲要》到现在已经过去了三年多，目前取得的进展同规划目标和要求相比还有一定差距。粤港澳大湾区在珠江三角洲、香港和澳门分别实行三种不同的政治制度和法律政策，有三种货币和三个关税区，这些因素对三地合作有些制约。过去港英当局在香港回归之前留下一些隐患，后来又有外部势力在香港制造麻烦，加之近年新冠肺炎疫情影响，大湾区建设中出现了一些困难，需要三地共同想办法克服。

（二）前海和横琴：粤港澳大湾区发展的两个新引擎

前海和横琴两个开发区分别位于珠江口东西两端，正在形成比翼齐飞之势，事实上已经成为粤港澳大湾区发展的两个新引擎。

2020年，前海合作区以不足深圳市0.8%的面积贡献了全市约9.3%的增加值，每平方公里经济产出高达172.8亿元；实现注册企业增加值2586.05亿元，较2013年增长51倍；实际使用外资43.05亿美元，约占深圳的50%、占全国的3%。2021年，前海深港现代服务业合作区进入全面深化改革开放的新阶段，总面积由14.92平方公里扩展至120.56平方公里，为制度创新、产业发展及深化深港合作提供了更大承载空间。①"扩区"7倍的前海，潜力更大，后劲更足，为推进深港合作向纵深迈进创造了更好条件。2021年，前海深港现代化服务业合作区内的前海综合保税区进出口1581.1亿元，同比增长8%；同期有1.24万个集装箱价值110.13亿元的货物在前海通过海运集拼分拨至全球；累计5万吨价值361.95亿元的货物在前海登机；组合港吞吐量超5.8万标箱，参与企业数、出口货值不断增长。这些数据，折射出前海深港现代化服务业合作区外贸韧性十足、稳中提质。

2021年，横琴粤澳深度合作区挂牌，为新形势下粤澳合作开发横琴按下快进键。2021年，横琴粤澳深度合作区实现地区生产总值454.63亿元，同比增长8.5%。其中金融业增加值162.07亿元，是合作区中最引人注目的产业。作为全国首批跨境人民币结算业务试点，横琴拥有得天独厚的特殊区位优势和一整套"先行先试"配套政策支持。2021年1—12月份，合作区人民币跨境结算量2321.18亿元，同比增长47.9%；外贸进出口额完成314.66亿元，同比增长53.3%，外向型产业布局成效初显。②

（三）加强三地合作，促进共同富裕

目前广州、深圳两市的地区生产总值分别超过了香港，珠三角地区生产总值合计将近占粤港澳大湾区的80%。按人均地区生产总值计算，香港属于世界上的高收入地区，澳门也接近高收入地区水平，两地富裕程度总体上明显高于珠三角任何一个城市，当然也高于广东省的平均水平。目前两个特别行政区尤其是香港城市居民贫富差距比较大，实际上存在贫富悬殊问题。但是港澳的经济总量和两区人口相比已经足够大，如果能够改进

① 张燕：《横琴，前海新布局的深意》，《瞭望》2021年第37期。
② 数据来源：中华人民共和国深圳海关，横琴粤澳深度合作区统计局。

分配，依靠现有财富总量可以达到普遍富裕。广东同内地省份相比属于收入较高的地区，同港澳相比又属于收入较低的地区。未来广东必须通过高质量发展培植财源，把蛋糕做大；同时改进分配，让人民更好分享蛋糕。

改革开放以来，粤港澳三地一直讲加强合作，也取得了有目共睹的成效，但是依然存在未尽如人意之处。在改革开放初期，港澳和广东形成前店后厂的关系，港澳商人投资在广东建厂，从国际上接单，利用内地廉价劳动力、土地等资源从事加工制造和营销活动，一度形成粤港澳三地共赢局面。现在的情况有所变化，随着广东不断提高开放水平，在请进来的同时走出去，直接从国际市场接单；通过自主创新，一些新产品、新技术被开发出来，在某些领域呈后来居上之势，过去香港、澳门两头服务、多方受益的利好几乎不复存在。非但如此，广东某些产业还同港澳之间形成竞争关系，过去有些产品出口和人员出国必经香港，现在从广州、深圳等地出去，不再经过香港，可能会减少香港转口贸易和过往服务收入。随着广东和港澳经济发展水平差距缩小，港澳原有的某些优势已经弱化乃至消失，但是在发展国际金融和服务业等方面的优势依然存在，这些优势将长期发挥作用，今后还可以在科技教育和国际交流等方面增创新优势。广东一直在主动寻求与港澳的合作；港澳特别是香港也应从自身发展利益出发采取更加灵活的合作态度和措施，发挥现有制度中的优势，克服和消除某些局限或不足。

 案例　　让港珠澳大桥充分发挥应有作用

　　港珠澳大桥工程建设非常出彩，被誉为世界奇迹。始料未及的是，2018年建成后到现在的通车量尚未达到设计要求，近年受新冠肺炎疫情影响，桥上车辆经常寥寥无几，处于闲置或半闲置状态。当初在设计和建设过程中对港珠澳三地体制、交通规则和手续等方面的麻烦问题估计不足，没有制定合理方案并在三地提前协商解决，致使大桥通车后迟迟不能高效利用。由于种种原因，大桥东岸没有连接深圳，通车功能受限。现在有一种补救办法，就是深圳车辆绕道香港上港珠澳大桥过珠江口到西岸，这样可能比深圳从内地过珠江到西岸更近更快，不仅可以节省时间，而且能够缓解虎门大桥通车压力。但是目前深圳车辆绕道香港还有一些人为障碍，手续比较繁琐。如果通过粤港澳三地协商，尽快消除各种人为障碍，就能够让港珠澳大桥充分发挥应有作用。

为了建立健全粤港澳大湾区合作机制，统筹协调未来建设和发展，可以考虑由广东省领导人和香港、澳门特首组成粤港澳大湾区合作机构，设立地方首脑会议和理事会，在中央政府领导或指导下定期举行协调会议；由三地主管部门负责人组成办事机构，负责落实三地领导人协商做出的决定和达成的协议。

珠三角和港澳产业有一定互补性，应当调整和优化产业分工，实现融合发展。珠三角地区有条件全面发展三次产业，重点是发展生态农业（先进种养殖业）、先进制造业、科技研发和教育卫生等服务业，巩固业已比较发达的交通运输、餐饮住宿和会展业等；香港有条件保持国际金融中心地位，加强科技研发，继续发展海港空港和旅游等服务业；澳门博彩业和旅游业比较发达，可利用横琴开发区加强科技研发，发展新兴产业。广东金融业发展主要是面向国内提供优质服务，支持香港巩固和发展作为国际金融中心的地位，不宜另起炉灶在珠三角培植新的国际金融中心。

以往国内一些企业稍有成绩，就争取到美国纽约去上市，美其名曰国际融资，实际上在很大程度上是给国际资本和交易所老板打工。一旦中美关系紧张，美国就通过资本市场制造麻烦，实施制裁，扬言冻结我国资产直至非法拘捕企业员工。华为公司实行股份制但是不上市，更不到美国上市，实属明智之举。试想，如果华为到纽约上市，美国就会以种种理由要求该公司提供内部情况并实行监控，随时进行制裁和打压。欧洲一些公司遭美国制裁打压最后被搞垮或被美国公司低价收购，教训极为惨痛。国内资本充裕，上海、深圳、香港证券市场各有特点，今后广东企业如要上市，可按自身条件优先选择深圳或香港。

深圳前海与香港并不接壤，如何方便港深人员和物资来往，看来需要采取更加有效的措施。香港北部都会区建设单靠港方力量恐怕不够，可以考虑实行以香港为主、多方参与建设的模式。如果北部都会区能够尽快付诸建设，那么加强科技研发、适度发展清洁绿色制造业和高端产业应当是一种选择，这样将为粤港澳三地合作创造许多新机会。

粤港澳三地科技教育和医疗卫生事业总体实力较强，合作领域非常宽广。在基础学科和应用学科领域可以设置一些课题，通过三地合作来研究攻关。理工科高等教育某些专业可以实行三地统一招生或分别给指标异地招生，相互学习，取长补短，提高教学水平。从以往多次疫情防控来看，粤港澳三地加强医疗合作非常必要，可以整合三地优质医疗资源，建立粤港澳大湾区医疗中心，除了更好为本地人民服务之外，还可以对国家乃至世界做出应有的贡献。

珠三角九市是构成粤港澳大湾区的广东部分，从土地面积、常住人口和地区生产总值看都占据粤港澳大湾区绝大部分，但是目前单个城市只有广州、深圳在经济总量和部分领域可与香港并驾齐驱，人均收入则远不及港澳。珠三角九市只有以创新为首要动力，加快自身发展，通过不断创造财富来提高经济实力和富裕程度，才有条件提升与港澳地区乃至发达国家的合作水平，也才能更好带动粤东西北地区发展致富。

走好共同富裕的广东路，任重道远，前程似锦！